商业破局

余襄子 —— 著

团结出版社

图书在版编目（CIP）数据

商业破局 / 余襄子著. -- 北京：团结出版社，2023.9
ISBN 978-7-5234-0447-8

Ⅰ.①商… Ⅱ.①余… Ⅲ.①贸易经济—研究 Ⅳ.①F7

中国国家版本馆CIP数据核字（2023）第176456号

出　　版：	团结出版社
	（北京市东城区东皇城根南街84号　邮编：100006）
电　　话：	（010）65228880　65244790（出版社）
	（010）65238766　85113874　65133603（发行部）
	（010）65133603（邮购）
网　　址：	http://www.tjpress.com
E-mail：	zb65244790@163.com（出版社）
	fx65133603@163.com（发行部邮购）
经　　销：	全国新华书店
印　　刷：	三河市燕春印务有限公司
开　　本：	710毫米×1000毫米　16开
印　　张：	15
字　　数：	156千字
版　　次：	2023年9月　第1版
印　　次：	2023年9月　第1次印刷
书　　号：	978-7-5234-0447-8
定　　价：	69.00元

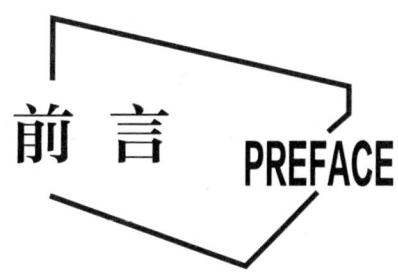

在当今这个充满挑战和机遇的商业环境中，我们经常面临各种问题和困难。这些问题可能源于市场的变化，也可能源于内部的问题。

你或许是一家初创企业的老板，抑或正打算创业，或者是某一家大公司的领导。也或许你对进入商业市场没兴趣，只是想了解一下。

从本质来讲，一家企业要想稳步地不断向前发展，就需要掌握一套方法。这套方法的半衰期很长，不会因为时代变了就不好用了。虽然科技、组织与管理方式一直在变，但背后推动它们变化的是发展和规律，这些发展和规律不会因为企业的性质不同而有所改变。

对于领导人来讲，最重要的不是那些写在书本里的知识，而是思维的广度与深度。唯有思维跟得上，才能在商业的世界中立于不败之地。

《商业破局》这本书就提供了这么一套方法。

全书共分为十一个章节，分别为企业的底层逻辑、战略的底层逻辑、管理的底层逻辑、市场的底层逻辑、营销的底层逻辑、利润的底层逻辑、效率的底层逻辑、竞争的底层逻辑、增长的底层逻辑、发展的底层逻辑与创新的底层逻辑。看上去毫无关联的十一个概念，其实是层层递进的。

首先得有企业，有了企业，就要制定战略；有了战略，就要通过有效的管理来执行；有了管理，就可以更从容地打开市场；进入市场，开始营销；营销会带来利润；有了利润，企业运转的效率也会提高；效率提高了，竞争力也就相应增强；有了竞争，企业才能不断发展；发展的道路上，企业又会有创新；创新又会将企业推到一个新的高度，成为一家比之前更大、更强的企业，然后继续循环。

简单来讲就是：企业推动战略；战略推动管理；管理推动市场；市场推动营销；营销推动利润；利润推动效率；效率推动竞争；竞争推动增长；增长推动发展；发展推动创新；创新推动企业。

企业处在这样的循环中，才能不断健康成长。

另外，《商业破局》不仅仅是一本书，更是一个工具箱，里面还有大量的商业案例，帮助读者在商业环境中找到新的机会，解决复杂的问题，实现持续的增长。无论你是创业者、管理者，还是对商业感兴趣的读者，都可以从本书中获得启发和灵感。

在这个快速变化的世界中，我们需要的不仅仅是应对挑战的勇气，更需要的是寻找新的解决方案的能力。《商业破局》将帮助你开启这个旅程，帮助你在商业世界中打破常规，创造出属于自己的价值和影响力。

偶有迷茫，我们决不放弃！

风雨同舟，我们并肩前行！

未来可期，我们顶峰相见！

第一章　企业的底层逻辑

企业只是为了创造利润吗…………………………………… 2
企业的目的是什么…………………………………………… 6
企业为什么存在……………………………………………… 11
什么是企业文化……………………………………………… 15
好的企业具有什么样的特征………………………………… 20

第二章　战略的底层逻辑

企业为什么需要战略………………………………………… 26
战略与战术的区别…………………………………………… 30
好战略的对面是坏战略吗…………………………………… 34
战略如何落地与执行………………………………………… 38
企业如何构建自己的护城河………………………………… 42

第三章　管理的底层逻辑

好的管理是怎么样的………………………………………… 49
抓大、放小、管细…………………………………………… 52

管人还是管事·· 55
扁平化管理需要注意什么···································· 58
每个人都可以是人才吗······································ 63

第四章 市场的底层逻辑

市场上有免费的午餐吗······································ 68
为什么要看基础概率·· 72
消除信息不对称，进军市场································ 75
小而美的市场也是一种选择································ 79
什么是"4P"·· 84

第五章 营销的底层逻辑

产品为什么需要营销·· 91
什么是好的营销·· 95
如何找到你的目标用户······································ 99
如何做好广告··· 103
饥饿营销的是与非··· 107

第六章 利润的底层逻辑

利润究竟是什么·· 112
公司赚钱了就好吗··· 116
成本可以无限制降低吗····································· 121
管理好企业的现金流·· 124
卖贵还是卖多，如何选择··································· 129

第七章　效率的底层逻辑

如何提升企业的效率 …………………………………… 134
池子大了，如何保持与提升效率 ………………………… 138
效率越高越好吗 …………………………………………… 141
工欲善其事，必先利其器 ………………………………… 145
鲶鱼效应 …………………………………………………… 148

第八章　竞争的底层逻辑

竞争争的是什么 …………………………………………… 153
为什么要去蓝海市场竞争 ………………………………… 157
零和博弈的危险 …………………………………………… 161
如何打造自己的核心竞争力 ……………………………… 166
好的企业都该具有的竞争原则 …………………………… 170

第九章　增长的底层逻辑

企业为什么增长 …………………………………………… 176
要想获得指数级增长，该怎么做 ………………………… 180
增长有极限吗 ……………………………………………… 183
如何获得稳定的增长 ……………………………………… 186
企业可以不增长吗 ………………………………………… 190

第十章　发展的底层逻辑

企业只有一种发展模式吗 ………………………………… 194
大企业如何可持续性发展 ………………………………… 197

企业扩张前需要做些什么……………………………201

企业要不要多元化发展………………………………204

企业发展的道与术……………………………………206

第十一章 创新的底层逻辑

什么是好的创新………………………………………212

创新的底层公式………………………………………214

什么是颠覆式创新……………………………………218

波特定律：扔掉心中的错误放大镜…………………225

怎样激发企业的整体创造力…………………………228

第一章

企业的底层逻辑

企业只是为了创造利润吗

你或许曾经思考过一些问题,但往往不得要领。比如,企业究竟是什么?

是一家公司?还是一种在现代社会的某一单元?

一般的工商界人士可能会这样回答:"企业是一个创造利润的组织。"甚至一些经济学家也会这样回答。但是,这种回答是错误的,因为这种回答忽略了一些企业的其他方面。

我们先来看一看企业是如何建立的,这或许有助于我们更好地理解"什么是企业"。

彼得·德鲁克是现代管理学之父,其著作影响了数代追求创新以及最佳管理实践的学者和企业家,如今的各类商业思维也都深受他的影响。

在《管理:使命、责任、实践》一书中,德鲁克对一家企业创建的过程是这样解释的。

20世纪初,美国最大的百货零售商——西尔斯公司宣告成立。西尔斯的创办人威廉·西尔斯意识到美国的农民代表着一个被隔离而又独特的市场。之所以称为"隔离"是因为在当时来讲,农民还是一群比较闭塞的群体，他们无法与当时的销售渠道接触；称为"独特"是因为农民的需求在某些方面与城市的消费者大不相同。就个体而言，农民的购买力水平是低下的，但是，农民在总体上却代表着一个巨大的、几乎未被开发的市场，且他们的数量是不可估量的。

为了能把生意做到分布在全国各地的每户农家，在创建西尔斯时，需要对客户和市场进行分析，尤其要分析什么是农民的认知价值。此外，还需要在五个独特的领域进行创新。

第一，需要系统的营销规划，即发现和发展能提供农民所需的特殊商品的供货渠道，以农民所需要的数量和质量以及他们所能承受的价格供应商品。第二，需要邮购商品目录，该目录应能解除农民无法进城采购之苦。考虑到这一点，这份目录必须定期发布，而不能像拍卖商品的告示那样，无固定的发布日期；必须摒弃传统邮购商品的做法，不以浮夸的语言来诱使农民购物，而是实事求是地向农民介绍所提供的商品。通过使农民相信该目录和目录背后的公司的可靠性来发展永久的客户。这份目录应该成为农民的"福音书"。第三，由"买主自行小心"的观念转变为"卖主自行小心"的观念。西尔斯公司著名的"退您货款，不问任何问题"（无条件退货）的政策充分表明了这个观念。第四，必须寻找一种方式，以低成本、快捷地满足客户的大量订货。没有邮购工厂，企业的经营是完全不可能的。第五，必须组建有关的人力组织。

正是基于以上五点的创新，到第一次世界大战结束时，西尔斯公司已发展成为一个全国性的机构，它在广大农民群体中几乎家喻户晓。

德鲁克在分析了西尔斯公司的建立与发展后，得出了一个在今

天大多数人看来都震惊的结论：不能以利润来界定和解释企业。

那么问题就来了，那该以什么来界定和解释企业呢？

德鲁克认为，光有利润是不够的。也就是说，企业除了有其经济属性之外，还要有社会属性。企业还承担着社会责任，需要关注其对社会的影响，包括对环境、员工和社区的影响。简单来讲，企业是社会的一部分，是社会经济活动的重要参与者。企业不仅在生产过程中创造了财富，也在消费过程中推动了经济的发展。因此，企业的存在和发展与社会的发展密切相关。

同样，流行的有关企业和企业行为的经济理论——利润最大化，其实只是用复杂的方式来表达"贱买贵卖"这种传统模式而已。当代经济学家已经认识到这一点，并正试图修正这个理论。当代才华横溢、成果斐然的企业经济学家乔尔·迪安就一直坚持这个理论，但他是这样解释的：

经济理论中的一个基本假设是，追求利润最大化是每一个企业的基本目标。但是，近年来，利润最大化已被理论家做了重大修正，用来指长远的目标：管理人员的收入，而不是企业所有者的收入；一些非财务上的收益，如向工作负担颇重的经理人员所提供的越来越多的休闲，以及用于特殊用途的津贴，如限制竞争、维持对管理的控制、满足工资要求、防止反垄断的起诉，等等。这个概念已变得如此笼统，以至于它几乎包括了人们生活中的大多数目标。

这种趋势反映了理论家们日益认识到，许多企业特别是大企业，就边际成本和收入而言，并不是根据利润最大化的原则经营的。

2001年以来，纳斯达克指数狂跌，很多高科技公司市值损失惨重。让我们听一听SUN公司总裁兼首席执行官爱德华·詹德是怎样看待股市与企业运作之间的关系的:"遗憾的是,有许多人把企业在股市的表现等同于企业的发展。我认为对于我们而言,应该按照自己的意愿去建设企业。每天早晨起来的时候,我并不是去看纳斯达克股市有什么变化,我想的是如何去做我们想做的业务。我们所做的投资是长期投资,这一点我们已经和华尔街的人说清楚了,我们不想采取那些短期行为,把利润扩大到最大化。"

如果一家企业做了违背社会道德的事,那么即便是薪资水平没有变动,员工的离职率也会变高,给企业带来停滞或损失。2018年商业史上震惊中外最大一桩丑闻——Facebook的泄密事件可以很好地说明这一点。

根据《华尔街日报》的信息,Facebook每年都会对29000名员工做内部调研。2017年,84%的员工表示短期内不会辞职。但泄密事件发生后,这一数据降低到52%。

与此同时,至少有7名Facebook高管在2018年宣布离职。尽管有些人最终保留了与公司合作的关系,而且扎克伯格也在各种场合透露过,人员调整都在计划内,但没有人相信,这些不受泄密事件的影响。

这起事件对Facebook的商业信誉可谓一个沉重的打击。比如,曾经震惊全国的某企业,为了利润不顾一切,全然不顾顾客身体健康,最终事件曝出来后,遭到了各界人士的一致讨伐,最终该企业不得不退出市场。因此,一个只是为了赚钱而对其他事物置若罔闻的企业,也往往得不到消费者真正的喜欢,它们迟早会被消费者所抛弃,被竞争对手所击败。

企业的目的是什么

你觉得企业的目的是什么呢？

在之前，你或许会脱口而出："企业的目的是创造利润，是为了赚钱。"

但是当你看了第一节的内容，你会发现这样的回答太片面了。

如果你这样认为的话，那么恭喜你，聪明的你在这么短的时间内就已经有了不小的收获。

虽然赚钱与创造利润是企业的目的之一，但绝不是最主要的目的。除此之外，企业还要拉动当地经济增长和社会财富的增长，为社会提供相应的价值，这些价值包括增加员工福利与增加社会福祉。总的来说，企业存在的目的主要分为两个方面，一个是社会效益，一个是经济效益，如下图所示。

	社会效益	经济效益
企业存在的目的	提升社会就业	为公司赚取利润
	增加社会福祉	为员工发放薪资
	维系社会稳定	拉动经济增长

现代管理学之父德鲁克曾有一个惊人的洞见，他认为，企业的

目的只有一个适当的定义：创造顾客。

要想知道企业是什么，必须从理解企业的目的开始。企业的目的必须存在于企业本身之外。而且，企业也是社会的一部分，因为它的目的并不仅仅局限于自身，更应该将社会也考虑进去。

所谓"创造顾客"，并不是说要发明顾客，或是用一些营销手段吸引顾客，而是创造需求。众所周知，企业的生存根本就是顾客。只有有源源不断的顾客购买企业的产品或服务，企业才能获得利润，并用这些利润扩大生产或造福社会。在这样的基础上，企业通过营销等方式，继续吸引顾客，继续创造利润，继续研发产品或服务，如此形成了一个良性循环。

因此，企业的目的不是生产什么产品或服务，而是顾客想买什么，需要什么，企业就生产什么。顾客决定着企业是什么，企业生产什么，以及企业是否会兴旺。

有的时候，顾客的需求是显而易见的，比如他们都想吃美食，都想变漂亮，都想让自己的生活看上去更有品位与价值。但有的时候，就连顾客自己都不知道自己需要什么。而一个伟大的企业，也往往能发现顾客的这些潜在需求，去满足他们，或直接干脆创造他们的需求。

比如现在几乎人人都用的智能手机，具有划时代意义的智能手机目前公认是由苹果公司所研发出来的苹果四代，也就是 iPhone 4。iPhone 4 出现之前，人们对手机的需求无非就是打电话、发短信、听音乐，或者玩游戏。然而，自从 iPhone 4 出现之后，它顿时吸引了无数消费者的注意，它不但支持 iCloud 云服务，还拥有 Siri 语音系统，可以实现短信天气地图查找，等等。

可以说，对于智能手机的需求，是由苹果公司创造出来的，在

它提出这个概念之前，人们都不知道手机还能这么玩。也正是苹果四代揭开了人手一部智能机的时代，也为苹果公司每年创造了源源不断的利润，将它送上了全球500强的前列。

总的来说，苹果公司以其独特的创新思维和卓越的产品设计，成功地创造出了消费者的需求。这家公司一直以来都是科技行业的领导者，其产品不仅引领了市场的发展趋势，也在很大程度上塑造了消费者的需求和期待。

苹果公司的成功在很大程度上归功于其对消费者需求的深刻理解和精准把握。他们不仅关注产品的功能性，而且更注重用户体验和满足消费者的实际需求。这种以消费者为中心的设计理念，使得苹果的产品在市场上始终保持领先地位。

此外，苹果公司还通过不断的创新和研发，推动行业的发展，从而创造出新的市场需求。例如，iPhone 4的出现，满足了消费者对智能手机的需求；iPad的推出，开创了平板电脑市场；Apple Watch的推出，进一步丰富了可穿戴设备领域。

有的时候，顾客也并不知道自己真正的需求是什么。正如20世纪的美国汽车大王亨利·福特的那句名言："如果你问你的顾客需要什么，他们会说需要一辆更快的马车。"

在汽车发明之前，人们日常生活中最常用的交通工具就是马车。因此，若是当时的人有什么强烈需求的话，他们很有可能会告诉你，他们需要一辆更快的马车。

这个需求的确是客户真正的需求，但如果我们更进一步就会发现，其实这个需求是一个伪需求。

我们再问自己，顾客为什么需要更快的马车呢？

因为他们想在出门或旅途的时候更快到达目的地。

由此,"更快到达目的地"才是顾客"需要一辆更快马车"的底层需求。

那么问题就来了,如果要更快到达目的地,不用马车行不行呢?

答案当然是可以的。

因此,听取用户的意见以及建议是必须的,但不能简单地把用户的需求堆叠起来,并据此做出关键性的产品决策,否则就会陷入"更快的马车"的顾客需求陷阱里。我们还要能够识别出顾客需求背后被隐藏起来的、意识不到的需求,那才是真正的需求。

创造客户需求的例子在整个商业界可谓是无处不在。

比如,餐厅是我们吃饭的地方,于是很多饭店经营者就在美食上面下功夫,他们一方面不断提升厨师的厨艺,或直接聘请更高级的厨师,另一方面不断扩充食物的多样性与鲜美性。除此之外,他们在物流运输、控制原材料成本、提升菜品的稀缺性上做足了文章。但若是这样下去,经营者们所付出的精力与汗水和回报之间就不成比例。

那么换个角度想一想,如果你是一家餐厅的经营者,你会怎么做呢?

回到这节讲的方法——创造顾客的需求。

难道说,顾客进了饭店只是为了吃一顿更好的饭菜吗?

那可不一定,也有些人在吃饭的同时,还有社交需求。

于是,一些经营者在餐厅的设计上下了功夫,创造了一个宽敞舒适的就餐环境,并且定期举办各种活动,如音乐表演、烹饪课程等。这些举措成功地创造出了顾客对"餐饮+社交"的需求,使得他们的餐厅成为当地最受欢迎的地方之一。

再比如,数码产品就创造出了很多我们原本并没有意识到的需求。十几年前,人们怎么也不会想到,未来的手机可以取代相机。现在的相机被内置在智能手机中,以此为中心而产生出诸多 App,其功能也是以前的人怎么也想不到的。

最后,在创造需求的时候,请记住以下三点:

第一,始终关注消费者。无论我们采取何种策略来创造需求,都需要始终以消费者为中心。只有真正理解消费者的需求和期望,我们才能提供出真正有价值的产品和服务。

第二,持续创新。创造需求不是一次性的任务,而是一个持续过程。我们需要不断地进行市场研究、创新设计、举办营销活动等,以保持我们的产品和服务的新鲜感和吸引力。

第三,灵活应变。市场环境和消费者行为总是在不断变化的。因此,我们需要保持灵活应变的能力,随时调整我们的策略和方法,以适应这些变化。

或者,我们可以用一个公式来表示:

> 创造需求=关注消费者×持续创新×灵活应变

需要注意的是,等号右边任意一项若是变为"0",那么整个等式的值就会等于"0"。因此,我们不能只在某一个方面专精,而要同时抓三个方向,一个都不能放松。

企业为什么存在

企业为什么存在？

也许，你望着这样的标题陷入了沉思。你第一时间想到，企业存在的原因就是为了让老板赚钱，让老板住别墅与开好车。但是在看了前面两节内容后，你的思想境界肯定也提升了，你觉得这么庸俗的答案肯定没有触及本质。于是，你又想，企业的存在应该是为了造福社会，或是养活某一地区的员工，或是为消费者提供便利，或是为国家创造税收财富。

这些都对，但都没有说到点子上。

企业之所以存在，是为了降低整个社会的交易成本，间接增加社会财富。

比如，你今天想吃红烧肉，并打算自己烧。那么你可以去超市或者菜市场，买一些五花肉，再买点配料，回去后就可以烧一锅香喷喷的红烧肉。你不必亲自养一头猪，抑或去养猪的人那里买猪肉。这就是整个现代商业的逻辑。

再比如，你最近手里刚好有点钱，想着是时候买套房了。有了这样的想法后，你可以去中介，将自己的需求告诉他们，然后房地产中介就会带你去看房。你若是看中了一套，就去银行办理贷款，然后跑几次交易中心，并与原房主达成交易。

若是没有这些中介，你买房的时候就要花费额外的成本，比如你要知道哪些房子的主人有卖房需求，以及要一个一个去和房主沟通，才能获得价格，看看自己是否能接受。这些事情无疑会耗费你巨大的时间与精力，甚至最后都达不到自己的预期。

无论是小商贩还是中介，其内在的逻辑也是一样的。

罗纳德·哈里·科斯是活跃于20世纪的英国经济学家，同时也是1991年的诺贝尔经济学奖得主。

他花费了很多时间研究企业，梳理了经济学家们的研究，提出了成体系的企业理论。科斯的企业理论涉及经济运行、价格机制两个方面。

在自由市场的大时代背景下，企业似乎都走着自己的路，背后有一双看不见的手，推动着企业向前走，为市场提供价值，就像自然界一样，每个生物都过着自己的生活，但整体上生生不息。

然而，科斯却对此有所怀疑，他认为，古典经济学家所描绘的理想化自由市场和高效率的价格机制，在现实经济环境中并不完全存在。这种理想化的模型忽视了现实中的复杂性和多样性，以及市场机制的限制性。

在现实的市场经济中，资源的配置并非仅仅依赖于市场的运作。相反，很多交易活动是在更高效的微观经济组织内部完成的，这些组织往往比传统的大型企业更具效率。这种现象的一个典型例子就是炼油厂。

在炼油厂的运营过程中，它们并不只是从原油的生产者那里购买原油，然后再进行炼制，最后将炼制好的油品销售给油品经销商。相反，许多炼油厂会直接与原油的生产者建立联系，甚至会控制原油的生产环节。比如，洛克菲勒在19世纪末建立的标准石油公司就是一个典型的例子。这家公司不仅负责向上游控制原油的生产，而且还会向下游控制油品的销售，实现了从原料到产品的全过程控制。

此外，越来越多的餐厅、超市以及其他类型的企业也开始在内部完成更多的交易活动。这些企业通过内部协调和管理，提高了自身的运营效率，从而在市场竞争中取得了优势。

这是因为内部交易更快捷，省去了外部协作的麻烦，同时在价格上更加合算，成本更低。

这就涉及了交易成本，"交易成本"相信对各位读者来说并不是一个陌生的词语。

简单来讲，只要有市场，就会有交易；只要有交易，就会有成本。

从买家的角度来看，购物的成本不仅仅体现在商品的价格上，还有一些隐形的交易成本。首先，购买衣服或手机这类商品时，我们需要支付一定的价格，这是最直观的交易成本。然而，除了这个看得见的成本之外，还有一些我们没有意识到的成本。

比如，如果你选择去实体店购买，那么你需要考虑交通费用。你需要花费时间在商场之间穿梭，这也是一种隐形的成本。如果你选择在网上购物，虽然省去了交通费，但你仍然需要花费时间浏览商品、筛选合适的商品、进行购买操作，甚至可能需要支付额外的快递费用。

此外，你还有一个潜在的交易成本，那就是商家的可靠性。如果购买的商品不合适，你能否顺利退换货？这可能会涉及来回折腾的时间和金钱投入。如果遇到不良商家出售假货，你还需要承担维权的成本。

再从卖家的角度来看，他们也需要承担一些成本。首先是生产或采购商品的成本，这是直接可见的成本。然后是为了销售商品而开设线下商店的各种成本，包括房租、装修、库存、售货员薪水等；或者开设网店的各种成本，包括技术支持、设计、人员、流量等。接着还有为了提供售后服务而提供的快递、换货等服务成本。最后还有各种宣传商品的推广成本，以及通过各种渠道获取客户的销售成本等。这些成本加起来可能会让人感到惊讶。

简而言之，我们可以将交易成本大致分为六类：搜寻成本、信息成本、议价成本、决策成本、监督交易成本、违约成本。这些成本构成了我们在购物过程中需要面对的各种挑战和困扰。

而企业的存在，就是降低这些成本，比如一些好的企业品牌，会给我们带来信任感，甚至我们闭着眼睛就可以买，这无疑降低了我们筛选与寻找的成本。一个人若是能从这个交易过程中节省出哪怕一分钟的时间，那么整个社会就会节省出数亿庞大的时间。

各位可以试着想一个问题：你和过去中国历史上存在的任何一个皇帝相比，究竟谁的生活更好呢？

也许，你会觉得，皇帝多好，手握大权，天下所有的东西都是他的。

但是问题来了，就算天下所有物品的所有权都归属于皇帝，他享受得到吗？

可以说，今天任何一个普通人，所过的生活都要比过去任何一位皇帝好多了。

正是因为有了大规模企业的存在，我们才能以更低廉的价格买到更丰富的食物，穿上更有质感的衣服。

以巴黎排名第一的服装设计师为例，我们研究一下他的经历就会发现。这位杰出的设计师曾经为国王和王妃设计服装，普通人根本无缘接触到他设计的服装。

然而到了现在，你在H&M（Hennes & Mauritz，一家著名的瑞典时尚品牌）花费几百块钱，就能购买到他设计的服装，你能感受到企业降低社会交易成本的结果。这意味着你能够以相对较低的价格享受到这位顶级设计师的作品，而不必承担高昂的设计费用或与皇室贵族保持紧密联系。

这种变化不仅使更多人有机会接触到高品质的时尚作品，还促进了时尚产业的繁荣和发展。通过降低交易成本，企业鼓励更多的设计师和个人投身于这个行业，从而激发了创新和多样性。消费者也受益于更低的价格和更广泛的选择，他们可以更加自由地表达自己的个性和品味。

想想看，若是在一个没有企业的平行世界，你居住在上海或北京，想吃一顿四川的火锅，你得靠自己的双腿跋山涉水走一年，在体验一番李白"行路难"的滋味后，才能吃到心心念念了许久的火锅。一想起这番场景，相信你会和我有同样的感觉，降低社会交易成本是一种普遍存在且时刻发生在我们身边的现象。

什么是企业文化

当你进入一家新公司的时候，你的视线很可能会被公司入口处大大的标语所吸引。这些鼓舞人心的标语，象征着公司的价值观和

理念。当你走进企业的内部,与负责人进行深入交流时,你可能会发现他们开始向你热情地讲述他们的企业文化如何先进,以及如何与众不同。

这种企业文化的介绍可能会让你感到有些疲倦,因为你已经听过无数次类似的描述。你会发现,这些大差不差的企业文化以不同的方式装进了不同的公司。这可能会引起你的思考:难道就没有一些新的、独特的词汇来描述企业文化吗?

在这个充满竞争的商业世界中,每家公司都在寻找自己的定位和特色。他们希望通过自己的企业文化来吸引人才,提升员工的归属感,以及增强公司的竞争力。因此,他们可能会不断地强调自己的企业文化是多么独特和先进,以此来吸引更多的客户和合作伙伴。你可能会觉得企业文化都是一些比较虚的东西,抑或一些表面功夫。

若是你有这样的疑虑,你应该好好了解一下,到底什么是企业文化。

简单来讲,企业文化就像是企业的基因,是大家了解这家企业时最先可以看到的东西。企业文化的建设对于公司的长期发展至关重要。一个良好的企业文化可以帮助公司在竞争激烈的市场中立足,吸引优秀的人才,提高员工的工作效率和满意度,增强团队凝聚力,从而提高公司的整体竞争力。

企业文化的形成也会受到多种因素的影响,包括创始人或CEO的个性、核心成员的个性和行为模式以及公司成功经验的积累等。因此,在创建企业文化时,需要充分考虑这些因素,确保企业文化与公司的核心价值观和战略目标相一致。

再者,企业文化不是一种真理,而是一种做事方法。

企业文化是什么?			
真理	×	做事方法	√
不可更改		可随着环境的变化而调整	
绝对正确		相对正确	
无法实施与落地		具有操作性	

举个例子,比如一家公司的企业文化是"诚信",这就不能算作一种文化。因为这是一种原则,是每个企业都应该遵守的底线,作为企业文化出现的时候倒显得有些让人迷糊。

再比如,一家企业的文化是"为客户提供优质的服务",其实这也不能算作企业文化,因为任何公司都是这么做的,不这么做的公司反倒是不健康的无良公司。

那么,如何判断一家企业的文化算不算真正的文化呢?得到CEO脱不花有一个非常清晰的定义:所谓一个企业文化的对面,还是一种企业文化。

比如,在一些极端情况下,对命令绝对服从也是一种文化,员工可能会失去自我思考和独立决策的能力,这可能会给公司带来负面影响。然而,在某些情况下,这种企业文化也可以带来一些好处,比如能够提高员工的纪律性和执行力,从而让公司更加高效地运作。

相反,"对命令绝对服从"的反面也是一种文化,比如达利欧的桥水基金,企业文化是"激进的透明",什么事都公开。

因此,企业文化的本质,是一种方法,是一种解决方案。

选择适合自己的企业文化非常重要,在选择企业文化时,需要考虑公司的价值观、目标和战略等因素,因为这和公司息息相关,并根据实际情况进行权衡和取舍。同时,也需要不断地反思和调整

企业文化,以适应不断变化的市场环境和业务需求。

再者,企业文化也是可以变化的。同一个公司的不同时期,所面临的挑战与重点不同,企业所采用的做事方法也会不同,企业文化也会因此而变化。

很多人会认为,只有大公司才有企业文化,小公司没必要搞企业文化。

其实,这是大错特错。

正因为企业文化就像是企业的基因,是企业做事的方法,是企业未来发展的根基。因此,对于小企业或初创企业来讲,企业文化也是必不可少的。

比如,哈斯廷斯在创办奈飞之前,还创办过另一个软件公司Pure Software,主要业务是做软件服务。公司起初团队小,讲究单打独斗,哈斯廷斯就大包大揽,把写代码、日常管理,还有其他的琐事都干了。

结果公司的发展速度似乎超出了他的预期,等公司再大一点儿,他发现这些工作根本分不出去,因为每个任务,前前后后的背景信息都太多,光是同步背景信息,就比自己亲自干还麻烦。于是,哈斯廷斯只能白天做管理,晚上继续写代码,连洗澡都得抽时间。

说白了,企业文化就像盖大楼,第一块砖歪了,后面的栋楼怎么盖都是歪的。说得再直白一点,公司的第一笔钱是怎么赚的,直接决定了公司今后的经营逻辑。

那么问题又来了,该怎么设计企业文化呢?

其实,企业文化不是设计出来的,而是筛选出来的。

在创业之初,大部分公司需要建立一种积极向上、鼓励创新和合作的企业文化,以吸引优秀的人才加入团队。这些人的共同特征，包括对公司价值观的认同、对工作的热情和责任感、对团队合作的重视等，构成了企业文化的核心。

一旦建立了这种企业文化，公司在招聘新员工时就应该按照这个标准来选择。即使应聘者再优秀，如果他们与公司的文化不符，也应该慎重考虑是否录用。因为一个不合适的员工可能会对公司的文化产生负面影响，甚至破坏团队的凝聚力和工作效率。

当然，企业文化也不是一成不变的，它需要不断地反思和调整，以适应市场环境和业务需求的变化。在这个过程中，公司需要保持开放的心态，积极吸纳新的思想和观念，不断完善和优化企业文化，从而推动公司不断发展壮大。

初创公司在建设企业文化时，建议可以从以下几个方面着手：

1. 招聘和开除员工。招什么样的人意味着要建立什么样的文化，要招最熟悉、最优秀的人，同时要关注员工的个性和能力。开除员工时，要心地仁慈但行动果断，明确底线。

2. 奖惩制度。奖罚要分明，要让员工清楚地知道哪些行为会受到奖励，哪些行为会受到惩罚。同时，要将丑话说在前头，避免事后算账。

3. 设定阶段性目标。鼓励员工为自己设定短期目标，通过完成这些目标来提高自己的工作能力和绩效。可以采取"小目标小奖励""让员工自己定目标"等方式来激发员工的积极性。

4. 营造良好氛围。结合公司的特点举办各类活动，增强员工的归属感和团队凝聚力。初创公司可以参考阿里等成功企业的经验，学习他们在创业初期是如何建立企业文化的。

总之，企业文化是公司长期发展的基石，对于初创公司来说尤其如此。

好的企业具有什么样的特征

怎样才算一个好的企业呢?

是能赚很多钱吗?还是知名度很高,整个地球的人都知道?

与其问怎样才算一家好的企业,我们不如来看看,具有怎样特征的企业可以被认为是好的企业。

一个好的企业不仅仅意味着盈利和成功或上市,它还包括了诸如良好的企业文化、高效的管理、尊重员工以及承担社会责任等多个方面。

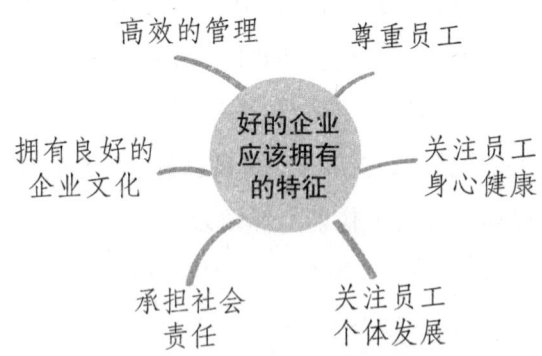

首先,一个成功的公司应该具备良好的企业文化。

企业文化是组织内部价值观和行为准则的集合体,它塑造了员工的工作态度和行为方式。一个积极向上、团结协作的企业文化能够激发员工的工作热情和创造力,提高工作效率和质量。同时,良好的企业文化也能够增强员工的归属感和忠诚度，减少员工流失率，为企业的长期发展打下坚实基础。

在构建良好的企业文化时，企业需要明确并传达核心价值观和行为准则。这些价值观和准则应该与企业的使命和愿景相一致，并能够引导员工在日常工作中做出正确的决策和行动。通过明确的文化规范，员工能够更好地理解企业的价值观，从而更加自觉地遵循这些规范，形成一种共同的行为模式。

此外，良好的企业文化还需要注重员工的参与和沟通。企业可以定期组织员工参与文化建设的活动，如团队建设、培训和交流等，以增进员工之间的互动和理解。同时，企业也应该鼓励员工提出建议和意见，倾听他们的声音，让员工感受到自己在企业中的重要性和价值。

另外，营造良好的工作环境也是构建良好企业文化的重要方面。企业应该提供舒适、安全的办公环境，为员工创造一个有利于工作和发展的氛围。同时，企业还应该关注员工的身心健康，提供适当的福利和关怀，让员工感受到企业的温暖和支持。

良好的企业文化需要不断地培养和维护。企业应该建立一套完善的激励机制和管理机制，激励员工积极进取、追求卓越。同时，企业也应该加强对企业文化的宣传和推广，让更多的人了解和认同企业的价值观和文化理念。只有通过持续的努力和投入，才能打造一个具有凝聚力和竞争力的公司。

其次，高效管理是优秀公司的重要特征之一。

优秀的管理者具备出色的能力，能够合理分配企业资源，确保资源的最优利用。他们制定明确的目标和计划，为员工提供清晰的工作方向，使每个人都知道自己的职责和任务。同时，他们善于监

督和激励员工的工作表现，通过奖励和惩罚机制，激发员工的积极性和创造力。

优秀的管理者注重沟通与协调，他们擅长建立良好的工作关系，促进团队成员之间的相互理解和合作。他们鼓励员工积极参与讨论和决策，倾听员工的意见和建议，使每个员工都能够感受到自己的价值和重要性。通过有效沟通和协调，团队成员之间形成紧密的合作关系，共同为企业的发展贡献力量。

高效的管理还能够及时发现问题并采取相应的措施加以解决。管理者具有敏锐的洞察力，能够从各个方面发现问题，并迅速做出反应。他们不会忽视任何可能影响企业运营和持续发展的问题，而是积极主动地寻找解决方案，确保企业的正常运营和持续进步。

在高效管理的推动下，企业能够更好地应对市场的变化和挑战。优秀的管理者能够及时调整战略和策略，适应外部环境的变化，保持企业的竞争力。他们能够灵活应对各种挑战，找到最佳的解决方案，使企业在竞争激烈的市场中立于不败之地。

再次，尊重员工是一个优秀公司不可或缺的重要品质。

企业的成功与每个员工的付出和努力密不可分，因此，尊重员工是企业获得员工忠诚和支持的关键因素。优秀的公司应该建立公平公正的晋升机制，为员工提供充分的发展机会和培训支持。同时，优秀的公司还应该建立健全的员工福利制度，关心员工的家庭生活和个人需求，营造一个和谐温馨的工作环境。

在优秀公司中，对员工的尊重体现在各个方面。首先，公司应该建立一个公正透明的晋升机制，让员工感受到自己的努力和能力得到认可和回报。这样，员工才会更有动力去追求个人的成长和发展，同时也会更加积极地投入工作中。其次，公司应该注重员工的职业发展，为他们提供各种培训机会和学习资源，帮助员工不断提升自己的技能和知识水平。这样，员工才能在职业道路上不断前行，实现个人价值。

此外，优秀的公司还应该关注员工的身心健康和个人成长。公司可以定期组织健康体检、心理辅导等活动，关注员工的身体状况和心理健康。同时，公司还可以鼓励员工参加各种培训和学习活动，提升自己的综合素质和能力。通过这些举措，公司可以为员工创造一个良好的工作氛围和生活条件，让员工能够更好地平衡工作和生活。

好公司还应该建立健全的员工福利制度，关心员工的家庭生活和个人需求。公司可以为员工提供灵活的工作时间和休假制度，让他们有更多的时间陪伴家人和朋友。同时，公司还可以提供各种福利待遇，如住房补贴、子女教育补贴等，帮助员工解决生活中的实际问题。通过这些措施，公司可以增强员工的归属感和幸福感，让他们更愿意为公司付出努力。

最后，对社会责任的承担也是评价一个好公司的重要标准之一。

企业不仅仅是为了追求经济效益而存在，更是一个社会的一部分，因此，它有责任积极地履行其社会责任。

一个好的公司，不仅会关注自身的经济效益，更会注重环境保护、公益事业和社会贡献。这是因为，一个公司的成功并不仅仅体现在它的盈利上，更重要的是它对社会的贡献。这种贡献可能表现为环保行动，如减少排放、使用可再生能源等；也可能表现为公益活动，如捐款助学、赞助社区活动等；还可能表现为对社会的贡献，如提供就业机会、推动社区发展等。

通过参与公益活动和推动可持续发展，企业能够树立良好的企

业形象和社会声誉。这不仅能吸引更多的客户和投资者，还能提高员工的满意度和忠诚度。同时，这也有助于企业在社会中建立良好的口碑，从而为社会的繁荣和发展做出积极的贡献。因此，对社会责任的承担是评价一个好公司的重要标准之一。

本章的末尾，希望你记住下面这个公式，记住怎样才是一家好的企业或公司。

> 好的企业或公司 = 良好的企业文化 × 高效管理 × 尊重员工 × 承担社会责任

第二章
战略的底层逻辑

企业为什么需要战略

试着想象一下,假如你有一辆豪华跑车,这辆车的发动机强劲有力,能够带给你无与伦比的速度和激情。它的外形设计独特而酷炫,无论是在路上行驶还是停在车库里,都能吸引众人的目光。车内的座椅舒适至极,仿佛是为你量身定制的,让你在驾驶的过程中感到无比的舒适和放松。

坐在车里,你内心充满了期待和兴奋。你轻轻触碰着方向盘,感受着车辆的每一个细节。你的心跳加速,血液沸腾,仿佛已经可以预见到即将到来的冒险。你兴高采烈地准备出发,准备去追逐你的梦想。

然而,当你准备踩下油门的那一刻,你突然停下了。你要去哪儿?你没有明确的目的地,也没有规划好的路线。你只是雄心勃勃地冲出去,带着一颗冒险的心,准备去追求未知的世界。

但是,你可能没有意识到,没有目的地和路线的旅行,可能会让你在一个陌生的地方迷路。你可能会遇到各种困难和挑战,甚至可能陷入困境。因此,无论你有多么强烈的冲动和决心,都需要有一个明确的目标和计划,才能确保你的旅程顺利进行。

企业也是如此,它的成功不仅仅依赖于拥有丰富的资源、优秀的团队以及高质量的产品。这些因素无疑都是企业成功的重要因素，但如果没有明确的战略规划，即使企业拥有再强大的实力和优质的产品，也可能无法达到预期的效果。

就像一辆豪华跑车，如果驾驶员不知道目的地在哪里，那这辆车就无法发挥出其应有的效能。同样，一个企业如果没有明确的战略目标和规划，那么即使拥有再多的资源和优秀的团队，也无法有效地利用这些资源，实现企业的长远发展。

因此，战略对于企业来讲，就有如罗盘与指南针。没有它们，企业就会迷失方向，最后只能白白浪费资源与精力，直至最后不见踪影。

对于任何一家企业来说，明确的战略定位和规划是非常重要的。这不仅可以帮助企业更好地利用自身的优势，还可以帮助企业在竞争激烈的市场环境中找到自己的方向，从而实现持续稳定的发展。

如果你是一家生产矿泉水的公司，你的选择将直接影响你的市场定位和产品策略。你可以选择走高端路线，提供高品质的矿泉水，以满足对健康和品质有较高要求的消费者。你也可以选择做平价产品，以吸引更多的大众消费者。然而，这两种策略都有其优点和挑战。

如果你选择走高端路线，你就要投入更多的资源来保证产品的质量和口感。这可能意味着你需要投资购买更先进的生产设备和技术，以及拿到更高级别的包装设计。此外，高端市场的消费者通常愿意为高质量的产品支付更高的价格。然而，这也意味着你可能需要面临激烈的竞争，以及较高的运营成本。

如果你选择做平价产品，你可以吸引更多的大众消费者，扩大你的市场份额。然而，低价可能会影响产品的质量和品牌形象。此

外,你需要找到一种方式来降低成本,以便能够提供具有竞争力的价格。

你的客户群也会影响到你的战略选择。例如,如果你的目标客户是健身房常客,他们可能更愿意购买高品质的矿泉水。而家庭主妇可能更关心价格和便利性。因此,你需要根据你的目标客户需求来制定你的产品策略。

总的来说,没有明确的战略,你可能会感到迷茫,不知道应该做什么,也可能无法做好任何事情。因此,你需要明确你的目标市场和客户群,以及你的竞争优势和差异化策略,然后根据这些因素来制定你的产品策略和营销策略。

企业因战略决策失误而倒闭的例子在商业领域并不少见。这些例子通常涉及企业在制定和执行战略时的错误判断,导致企业无法适应市场环境的变化,最终走向破产。

比如康柏电脑,康柏在20世纪90年代是全球最大的个人电脑制造商,但在2002年,康柏却选择了转型为专注于企业市场的服务器制造商。然而,由于忽视了消费者市场的需求,康柏的销售额在几年内大幅下滑,最后在2004年申请了破产保护。

再比如,曾经随处可见的诺基亚手机,曾是全球最大的手机制造商,但在2007年,诺基亚却选择了与微软合作,推出Windows Phone操作系统的手机。然而,这个决策并未考虑到Android和iOS等竞争对手的崛起,以及消费者对智能手机需求的快速变化。结果,诺基亚的市场份额迅速下滑,最终逐渐淡出了市场。

这些例子都表明,企业在制定战略时必须充分考虑市场环境的变化,以及消费者需求的变化。如果企业不能及时调整战略,适应市场的变化,那么很可能会导致企业的失败。

总的来说，企业战略在商业领域中的重要性就如同驾驶员依赖的地图、船长依赖的指南针以及登山者依赖的路标。这些比喻揭示了战略在引领企业方向和决策中的关键作用。

没有明确战略的企业，就像是在茫茫大海中航行的船只，如果没有地图指引方向，可能会偏离预定的航线，甚至误入险恶的暗礁区。同样，如果一个企业没有明确的战略目标和计划，就可能会在市场竞争中迷失方向，无法有效地利用有限的资源，最终可能导致企业的衰退甚至破产。

然而，有了清晰的企业战略，就像是拥有了一位精明的导航员。这个导航员能够为企业指明正确的方向，让企业在变幻莫测的市场环境中稳健前行。他们可以根据市场的变化和企业的实际情况，调整战略，使企业能够在竞争中保持优势，实现可持续发展。因此，企业战略不仅是企业决策的重要依据，也是企业在复杂环境中稳健前行的重要保障。

那么，你的企业制定企业战略了吗？如果还没有，那么现在就是一个最佳的时机。毕竟，一个好的开始意味着成功的一半。

规划战略并不是一件容易的事情，它需要对内外部环境进行深入分析，明确企业的愿景、目标和价值观。同时，你还需要评估自身的优势与劣势，了解竞争对手的情况，以及确定适合企业发展的市场定位。在这个过程中，你可能会遇到一些困难和挑战，但正是这些努力将使你的企业更加稳固和有竞争力。

所以，不要犹豫了。现在就是你规划企业战略的最好时机。通过制订一个明确的计划，为未来的成功奠定坚实的基础。记住，一个好的开始是成功的一半，而一个明智的战略则是通往成功之路的关键。

战略与战术的区别

在商业领域中，我们经常听到"战略"和"战术"这两个词汇。它们听起来似乎与高级的军事术语有关，让人不禁想起战场上的激烈战斗和硝烟弥漫的场景。

战略是指在长远的发展过程中制定的整体规划和目标。它涉及企业的发展方向、市场定位、资源配置等重要决策。在商业世界中，战略是企业取得成功的关键之一。一个明确的战略规划能够帮助企业在竞争激烈的市场中脱颖而出，抓住机遇并实现可持续发展。

相比之下，战术则是在具体实施过程中采取的具体行动和方法。它是根据战略目标制定的，用于达成长期目标的短期计划。战术可以包括市场营销策略、产品定位、销售技巧等等。通过灵活运用战术，企业能够在市场中迅速应对变化，满足客户需求，提高竞争力。

无论是战略还是战术，它们都是商业成功不可或缺的因素。战略为企业提供了明确的方向和目标，而战术则帮助企业在实际运营中高效执行。战略和战术相辅相成，相互促进，共同推动企业的发展和壮大。

第二章 战略的底层逻辑

	战略	战术
指什么	整体的规划和目标	实施的手段与方法
相当于	去哪里	怎么去

让我们以二战中的诺曼底登陆为例。这是一个典型的战略与战术相结合的案例。从战略角度来看，盟军选择在诺曼底登陆是为了分散德军的力量，从而在西线取得决定性的优势。这个决策需要精确地分析情报、详尽地制订计划以及对各种可能结果的预测。这就是战略的一部分。

然而，战略的实施需要通过战术来完成。在诺曼底登陆中，盟军通过一系列的战术行动来实现他们的战略目标。例如，他们使用了伪装和欺骗的技巧来迷惑德军，使他们无法正确判断盟军的真正意图。他们还利用了空中优势和海上力量，以确保他们的行动能够顺利进行。这些都是战术的一部分。

总的来说，诺曼底登陆展示了如何通过精心策划的战略和灵活执行的战术来实现长期的目标。

在商业领域，战略与战术的应用是非常关键的。战略是指企业长期发展的总体规划和方向，而战术则是在实现战略目标的过程中所采取的具体措施和方法。下面介绍一些经典的商业案例，以展示战略与战术在商业中的重要性和实际应用。

让我们继续来看一个关于战略的经典案例——苹果公司。苹果在推出 iPhone 4 之前，已经在市场上推出了 iPod、Mac 等成功的产品。然而，他们意识到仅仅依靠这些产品无法满足用户日益增长的需求。于是，他们决定进军移动设备市场，并制订了一项宏大的战略计划。他们投入大量资源研发了一款革命性的智能手机，并将其

定位为高端市场的产品。通过精心策划的营销活动和强大的品牌影响力，苹果成功地将 iPhone 4 推向全球市场，并成为全球最有价值的科技公司之一。

另一个战略与战术相结合的经典案例是亚马逊公司。亚马逊最初只是一个在线图书销售商，但他们看到了互联网的巨大潜力，并决定扩大业务范围。他们制订了一项大胆的战略计划，将自己的业务扩展到各个领域，包括电子商务、云计算、数字流媒体等。为了实现这一目标，亚马逊不断投资于技术创新和基础设施建设。同时，他们也注重战术上的灵活性和快速反应能力。例如，他们通过推出 Kindle 电子阅读器和 Prime 会员服务等创新产品，满足了不同用户的需求，并在竞争激烈的市场中脱颖而出。

我们再来看一个关于战术的经典案例——可口可乐公司。可口可乐在全球范围内都是一种非常受欢迎的饮料品牌，但也面临着来自其他竞争对手的挑战。为了保持竞争优势，可口可乐公司采取了一系列的战术措施。首先，进行市场细分，针对不同的目标消费群体推出了不同口味和包装的产品。其次，加强品牌推广和广告宣传，通过各种渠道向消费者传递独特的品牌形象和文化价值。此外，还与各大体育赛事和娱乐明星合作，提高了品牌的知名度和认可度。这些战术举措使得可口可乐在全球市场上保持了强劲的竞争力。

战略与战术在商业中起着至关重要的作用。通过制定明确的战略规划，企业能够明确自己的发展方向和目标；而通过灵活运用战术手段，企业能够迅速应对市场变化和竞争挑战。正是由于战略与战术的结合和应用，才使得这些经典商业案例成了业界的典范。

有好战略而没有好战术，就相当于一个人知道要去哪里但没有好的工具。比如，一个人要从上海到北京，只能靠他的双腿，那他最终能否到达目的地则是一个问题。

我们可以回顾20世纪80年代的美国计算机行业。在这个时期，IBM和苹果是两大科技巨头。IBM的战略是开发自己的操作系统，而苹果则选择与IBM合作，使用IBM的操作系统并在此基础上开发自己的软件产品。然而，IBM在操作系统的开发上投入了大量的资源，却忽视了与硬件的配合，导致其操作系统无法与IBM的硬件完美匹配。而苹果则通过专注于软件的开发，成功地打造出了一款易用且功能强大的操作系统，最终成为世界上最有价值的公司之一。

另一个例子是在21世纪初的电信行业。Verizon是美国最大的电信运营商之一，它有一个雄心勃勃的战略，即通过收购AT&T来成为美国最大的电信运营商。然而，Verizon在实施这个战略时却犯了一个严重的错误，即没有考虑到收购后的整合问题。结果，Verizon在并购后的管理混乱，业务发展停滞不前，最终导致了其在竞争中的失败。

这些例子都说明了一个重要的观点：一个好的战略是成功的关键，但如果没有有效的战术去执行这个战略，那么这个战略就可能会失败。

同样，有好战术却没有好战略也是一件非常危险的事，就像在上一节所讲的，有一辆豪华跑车却不知道要去哪里。

一个典型的例子是二战时期的德国闪电战战术。德国军队在战争初期通过迅速、灵活的进攻，取得了一系列惊人的战果。然而，由于缺乏长远的战略规划和对苏联红军实力的低估，德军在1941年陷入两线作战的困境，最终被盟军击败。这个案例表明，即使在战

争中取得暂时的优势，如果没有明确的战略目标和战略规划，最终仍然难以取得胜利。

简而言之，战略就相当于"要去哪里"，而战术就相当于"怎么去"。

好战略的对面是坏战略吗

我们经常会赞叹历史上某位将军或谋士因为有一套好战略而取得了最终的胜利，也经常会看到商业世界中，一些企业因为执行了某项好的战略而脱颖而出。因此，我们就想当然地认为，一个好战略的反面是坏战略。

我们可能低估了商业世界的复杂性，以及忽视了背后那些被我们视而不见的"幸存者偏差"。

在竞争激烈的商业世界中，战略的选择和实施对企业的长期发展至关重要。一个成功的战略不仅能为企业带来可观的利润，还能帮助企业在市场中脱颖而出，赢得竞争优势。然而，有时候我们会质疑，一个看似完美的战略是否真的具备长期可持续的竞争优势？或者，它是否只是一时的闪光点，无法应对不断变化的市场环境？

在深入探讨战略的优劣时，我们常常会遇到一个普遍且常见的问题：好战略的反面是坏战略吗？这个问题的答案并不易于得出，因为"好战略"和"坏战略"这两个概念并非绝对的概念，而是相对的,它们的定义取决于特定的环境和目标。换句话说,一个在某种环境下被视为好战略的策略,在另一种环境下可能就不再适用,甚至可能被误认为是坏战略。因此,我们在评估战略优劣时,不能仅凭主观感觉或者一两个具体案例来判断,而需要从更广泛、更深入的角度去理解和分析。

正所谓"彼之砒霜,吾之蜜糖",我们不能将任何战略与其特定的历史背景与商业环境割裂开来看,否则就会管中窥豹,在制定企业的战略时就会犯错。

以两家同行业的公司为例,A公司和B公司。A公司采用了一种集中式的市场策略,他们决定专注于某一特定市场领域,通过提供高质量的产品来吸引消费者。这种策略使A公司在短期内取得了显著的成功,他们的市场份额迅速增长,品牌知名度也得到了提升。

然而,对于B公司来说,这种策略可能会成为他们的噩梦。B公司是一家多元化的公司,他们拥有多条产品线和广泛的市场覆盖。由于A公司的专注策略,B公司在市场上的竞争压力大大减小,他们的业务得以稳步发展。然而,当A公司开始扩大其业务范围时,B公司却发现自己的市场份额正在被侵蚀。

一般来说,"好战略"是指在特定情况下,能够实现预期目标的策略。这些目标可能包括提高市场份额、增加利润、提高效率等。而"坏战略"则是指那些无法实现预期目标,甚至可能导致负面影响的策略。

因此,一项战略对于一家公司来讲是好战略,对于其他公司来讲可能就是坏战略。我们不要看着别的同行运用某种战略后飞速起升就羡慕不已,而后照搬运用,这很可能会搬起石头砸自己脚。我

们一定要回到具体的场景中，去细细分析，而不是盲目效仿。

在商业领域中，盲目模仿别人的企业战略而失败的例子并不少见。这些例子充分说明了在制定和执行企业战略时，不能简单地照搬别人的做法，而应该根据自己企业的实际情况进行有针对性的调整和优化。

例如，曾经有一家国内知名的互联网公司，在初期阶段，为了迅速扩大市场份额，选择了一种被业界普遍认为非常成功的商业模式——免费模式。然而，这家公司并没有充分考虑到自己的核心优势和目标用户群体，盲目模仿其他竞争对手的战略。结果，虽然短期内吸引了大量用户，但由于产品和服务的质量问题，以及缺乏核心竞争力，最终导致了用户流失和市场份额的丧失。

另一个例子是某家跨国零售企业在进入中国市场时，选择了直接复制其在美国市场的成功经验。然而，由于文化差异、消费习惯和市场规模等方面的差异，这家企业在中国市场上遭遇了严重的水土不服。最终，它不得不重新审视自己的战略，进行了一系列针对性的调整，才逐渐找到了在中国市场的立足之地。

这些案例告诉我们，盲目模仿别人的企业战略往往会带来严重的后果。因此，在制定企业战略时，企业应该充分考虑自己的特点和市场环境，结合行业趋势和企业资源，制订出符合自身发展需求的战略规划。同时，企业还应该注重创新和持续改进，以便在激烈的市场竞争中立于不败之地。

在某些特定的环境和情况下，那些被人们普遍视为"坏战略"的策略，在长期内可能也会带来意想不到的收益。这些策略可能在一开始的时候看起来风险较高，甚至可能让人感到不安或者担忧。然而，如果我们能够深入理解和分析这些策略，我们可能会发现它们实际上有着巨大的潜力和价值。

例如，在科技行业，许多看似冒险的创新项目在初期都面临着巨大的不确定性和风险。然而，正是这些看似"坏战略"的决策，推动了科技的进步和行业的变革。比如，互联网初创公司的风险资本投资，虽然在短期内可能会面临失败的风险，但在长期内却带来了巨大的经济回报和社会影响。

在投资领域，我们常常会遇到一些初看起来风险较高的投资机会，比如新兴市场、高风险债券或者小型企业等。然而，这些看似"坏战略"的投资却可能带来高额的回报。这是因为这些投资往往具有更高的成长性和更大的潜在价值。只要投资者能够做好充分的研究和评估，就有可能从这些看似"坏战略"的投资中获得丰厚的回报。

新兴市场通常被视为风险较高的投资领域。然而，由于其巨大的增长潜力和相对较低的估值水平，这些市场往往能够提供可观的回报。投资者可以通过深入研究和分析，发掘新兴市场中具有潜力的企业或行业，从而获得长期的投资回报。

高风险债券也被认为是一种潜在的高回报投资。尽管这些债券存在违约风险，但在某些情况下，它们可能会提供较高的利息收益。投资者可以通过对债券发行人进行充分的尽职调查和信用评级，降低投资风险，并从中获得稳定的收益。

此外，小型企业也经常被认为是风险较高的投资对象。然而，许多小企业拥有独特的技术和商业模式，具备快速成长和创新的能力。投资者可以通过深入研究和了解小型企业的商业模式和竞争优势，找到那些具备长期增长潜力的企业，从而实现高额回报。

总之，虽然一些初看起来风险较高的投资可能带来高额回报，

但这并不意味着它们是"坏战略"。相反，这些投资往往具有更高的成长性和更大的潜在价值。只要投资者能够做好充分的研究和评估，就能够发现这些看似"坏战略"中的投资机会，并从其中获得丰厚的回报。

在制定和执行策略时，我们需要根据实际情况和目标来评估其效果，不能仅仅依赖于表面的成败。只有通过深入的思考、全面的分析以及有效的执行，我们才能找到最适合自己的战略方案，并取得持续的成功。

战略如何落地与执行

我们经常会看到，企业在执行战略的时候，往往不知该如何下手，抑或执行到中途就遇到了困难，却不知如何是好，最终只能草草收场。

战略是企业长期发展的蓝图和指南，它是企业在竞争激烈的市场环境中制订并实施的长远规划。战略的制定需要综合考虑企业内外部环境的变化，以及企业的核心竞争力和资源状况，以确保企业在不断变化的环境中保持竞争优势。而落地执行则是将这个蓝图转化为实际行动的过程，它是战略实施的关键步骤之一。

在落地执行的过程中，需要明确的步骤和方法，以确保战略的有效实施。首先，需要有明确的目标和任务，将战略目标分解为具体的任务和行动计划。这样可以使团队成员清楚自己的工作职责和目标，有助于提高执行力和工作效率。

其次，需要建立有效的沟通渠道和协调机制，确保战略的顺利传达和执行。有效的沟通可以减少信息传递过程中的误解和偏差，提高团队协作的效果。同时，还需要建立监控和评估机制，及时跟踪战略实施的进展和效果，发现问题并及时进行调整和优化。

除了以上关键步骤外，还有一些策略可以帮助企业更好地实施战略。首先，可以采用分阶段实施的方法，将战略分解为多个阶段，逐步推进实施过程。这样可以降低实施风险，同时也有利于及时发现问题并进行修正。

再次，注重公司内部人才的培养和发展，确保团队成员具备执行战略所需的能力和素质。通过培训和激励机制，激发团队成员的积极性和创造力，提高战略实施的效果。

最后，可以与外部合作伙伴进行合作，共同推动战略的实施。通过与供应商、客户、行业协会等建立紧密的合作关系，共享资源和经验，可以加快战略的实施进程。

在执行战略之前，企业需要制订一个详细且可执行的战略计划，以确保其长期发展和成功。这个计划应该全面而具体地涵盖企业的战略目标，包括明确的方向和目标，以及实现这些目标所需的关键步骤。

预期结果是衡量战略计划有效性的重要指标之一。在制订战略计划时，企业应该设定明确的目标和预期结果，以便能够评估计划的成功程度。这些预期结果可以是财务指标、市场份额、客户满意度等方面的具体数据，有助于企业及时调整策略和行动计划。

然而，在制订战略计划的过程中，企业可能会面临各种挑战和

困难。因此，应对策略是战略计划中不可或缺的一部分。企业应该预见到潜在的挑战，并制订相应的解决方案和措施来应对这些问题。这可能包括调整资源配置、改进业务流程、加强团队协作等方面的举措，以确保企业在面对挑战时能够保持竞争力和持续发展。

时间表和责任人的设定也是战略计划的重要组成部分。明确的时间表可以帮助企业合理安排工作进度，确保每个阶段的工作都能按时完成。同时，指定明确的责任人可以明确责任分工，提高团队成员的责任感和执行力。只有通过合理的时间安排和有效的责任分配，企业才能更好地推动战略计划的实施。

在执行战略的过程中，通常需要多个部门或团队紧密协作。这种跨部门的协同工作不仅能够提高工作效率，也能够确保各部门的工作目标和战略方向保持一致。因此，建立一个有效的跨部门协同机制显得尤为重要。

为了实现这一目标，我们可以通过多种方式来建立和优化跨部门协同机制。

首先，定期的会议是一种非常有效的方式。通过定期的会议，各部门可以及时了解其他部门的工作进展，同时也能及时反馈自己的需求和问题。这种方式不仅可以提高信息的透明度，也有助于增强各部门之间的沟通和理解。

其次，共享信息平台也是一种非常有效的工具。通过共享信息平台，各个部门可以实时获取其他部门的工作信息，同时也能将自己的工作信息分享给其他部门。这种方式可以大大提高信息的使用效率，同时也有助于减少重复工作和提高决策的准确性。

总的来说，建立一个有效的跨部门协同机制是实施战略的关键步骤之一。通过定期的会议和共享的信息平台等方式，我们可以有效地提高跨部门的协同效率，从而更好地推动战略的实施。

执行力，无疑是决定战略能否成功落地的关键因素之一。在企业的日常运营中，执行力的重要性不言而喻。它不仅影响着企业的运营效率，也直接关系着企业的战略目标能否顺利实现。因此，企业需要通过多种方式来提升员工的执行力。

企业可以通过培训来提升员工的执行力。培训可以帮助员工掌握新的知识和技能，提高他们的工作效率。同时，培训也可以提升员工的职业素养，使他们更好地理解和执行公司的战略。此外，培训还可以增强员工的团队协作能力，这对于实现战略目标也是非常有帮助的。

最后，通过激励的方式来提升员工的执行力。激励可以包括物质激励和精神激励。物质激励可以是提供奖金、晋升机会等，这些都是员工积极投入工作的动力。精神激励则是通过赞扬、表彰等方式，让员工感受到自己的工作被认可和尊重，从而更有动力去执行公司的战略。

然而，仅仅依靠培训和激励还不足以提升员工的执行力。企业还需要建立一套有效的绩效评价体系，以激励员工积极投入工作，实现战略目标。这套绩效评价体系应该公正、公平，能够准确地反映出员工的工作表现。只有这样，员工才会看到自己的努力得到了回报，才会更有动力去执行公司的战略。

在企业战略执行的过程中，可能会面临各种无法预料的情况。这些情况可能来自市场环境的变动、竞争对手的策略调整、内部运营的问题，或者是外部环境的突发事件等。因此，企业需要建立一个有效的监控机制，以实时了解战略执行的情况。这个监控机制应该包括定期的战略执行情况报告，以及实时的数据反馈和分析系统。通过这种监控机制，企业可以及时发现战略执行中的问题和挑战，从而及时采取措施进行改正或调整。

同时，根据实际执行情况，可能需要对战略进行适时的调整。这是因为，战略是一个动态的过程，需要随着环境的变化和企业自身的发展进行调整。如果战略一成不变，可能会导致企业在变化的市场环境中失去竞争力。因此，企业需要根据实际情况，灵活调整战略，以确保最终能够实现预期的目标。这可能需要企业进行深入的市场研究，了解消费者的需求和行为变化，以及竞争对手的策略和行动。同时，也需要企业进行内部的资源评估和管理，以确保有足够的能力、资源来实施和执行新的战略。

企业如何构建自己的护城河

对于大部分企业来说，最优的战略其实是构建并不断加固自己的护城河。

"护城河"这个概念如今被广泛使用，它源自古代城堡的建设，意味着一道难以逾越的防线，保护城堡免受外敌的攻击。在现代商业语境中，"护城河"则象征着一种策略，帮助企业建立竞争优势，抵挡竞争对手的攻击。

在商业领域，护城河被视为企业保持竞争优势的重要手段之一。在竞争激烈的市场环境中，企业需要不断创新和改进，以保持自身的竞争力。而护城河作为一种防御性策略，可以帮助企业在市场中脱颖而出，抵御来自竞争对手的威胁。

护城河的形成源于企业的核心竞争力和技术优势。通过不断提升产品质量、优化用户体验、加强品牌建设等方式，企业可以构建一道坚实的护城河，使竞争对手难以突破。这样的护城河不仅可以为企业带来稳定的市场份额，还能够提高企业的盈利能力和市场地位。

然而，护城河并非一成不变的。随着市场的不断变化和技术进步，竞争对手可能会找到新的突破口，试图打破企业的护城河。因此，企业需要时刻保持警惕，不断进行创新和改进，以应对潜在的威胁。只有保持敏锐的竞争意识，积极适应市场变化，企业才能在激烈的竞争中立于不败之地。

护城河包括专利技术。专利技术是企业自主创新的成果，它代表了企业在某一领域的专有知识和技术。拥有专利技术的企业可以独享其技术成果，并通过技术的不断升级和改进来保持竞争优势。其他竞争对手无法轻易复制或模仿这些技术，从而限制了新进入者的市场空间。

品牌影响力也是护城河的重要组成部分。一个强大的品牌可以为企业赢得消费者的认可和信任，形成良好的口碑效应。品牌影响力不仅体现在产品的质量和服务上，还包括企业的价值观、社会责任等方面。具有强大品牌影响力的企业往往能够吸引更多的忠诚客户，并在市场中建立起较高的壁垒，使新进入者难以撼动其地位。

此外，规模经济也是企业构建护城河的重要手段之一。规模经济指的是随着企业规模的扩大，单位成本逐渐降低的现象。拥有大规模生产或销售能力的企业可以通过集中采购、批量生产等方式降

低成本，提高竞争力。同时，规模经济还可以带来更多的资源整合机会，例如更广泛的市场渠道、更强的供应链管理能力等。这些优势使得企业在市场中能够更好地应对价格战和其他竞争压力，保持盈利能力和市场份额。

构建护城河并非一蹴而就的事情，而是需要经过深思熟虑和精心策划的。以下是一些常见的构建策略：

企业构建护城河的方式：

创新	品牌建设	规模经济	网络效应

首先就是创新，无论是在产品、服务还是商业模式方面的创新，都能为企业带来显著的优势和护城河。这是因为创新能够为企业在市场上树立独特的价值定位，从而吸引更多的客户，并形成竞争优势。

第一，对于产品创新来说，企业可以通过引入新技术、新材料或者改进产品设计等方式，创造出更具竞争力的产品。这种创新能够满足客户对更好、更便捷或更环保的产品的需求，从而吸引更多的消费者选择该企业的产品。随着市场份额的增长，企业就能够建立起强大的护城河，抵御竞争对手的入侵。

第二，服务创新也是企业在市场中建立护城河的重要手段之一。通过提供更加个性化、高效、贴心的服务，企业能够满足不同客户的多样化需求，提升客户满意度和忠诚度。优质的服务不仅能够吸引新客户，还能够留住老客户，并通过口碑传播进一步扩大市场份额，形成稳定的市场地位和竞争优势。

此外，商业模式的创新也是企业在市场中建立护城河的关键因素之一。通过探索新的盈利模式、优化供应链管理、开拓新的销售渠道等，企业能够在竞争激烈的市场中脱颖而出。商业模式的创新能够帮助企业降低成本、提高效率，并为客户提供更好的产品和服务体验。随着商业模式的成功实施，企业将能够建立起稳固的护城河，抵御市场风险和竞争压力。

其次，品牌建设也是一项很好的护城河策略，在当今竞争激烈的商业环境中，消费者对产品和服务的选择越来越多样化。一个强大的品牌能够在众多竞争对手中脱颖而出，让消费者对企业的产品或服务产生信任和依赖。当消费者对某个品牌建立起信任时，他们更有可能成为忠实的顾客，并持续支持和购买该品牌的产品和服务。这种忠诚的客户群体是企业的宝贵财富，能够帮助企业保持稳定的市场份额和盈利能力。

同时，一个强大的品牌也能够为企业赢得良好的口碑和声誉。通过不断提供优质的产品和服务，以及积极的承担社会责任表现，企业可以树立起良好的品牌形象。这种正面的品牌形象会吸引更多的潜在客户，并促使现有客户向其他人推荐该品牌。口碑的传播有助于企业扩大市场份额，提高市场竞争力。

再次，通过扩大生产规模，企业可以实现资源的优化配置和利用，从而降低成本。这种成本的降低不仅能够提高企业的盈利能力，还能够增强企业在市场中的竞争力。在竞争激烈的市场环境中，拥有低成本优势的企业往往能够在市场上占据更有利的位置，吸引更多的客户和合作伙伴。

这种低成本优势就像一座无法逾越的城墙，保护着企业免受价

格竞争的冲击。当其他竞争对手为了争夺市场份额而采取降价策略时，拥有低成本优势的企业可以保持较高的产品价格，从而保持盈利水平并维持良好的利润空间。同时，低成本优势也使得企业能够更好地应对市场波动和经济周期的挑战，保持稳定的经营状况。

在扩大生产规模的过程中，企业还可以通过技术创新和管理创新来进一步提升效率和降低成本。例如，引入先进的生产设备和技术，优化生产流程，提高生产效率；加强员工培训和团队建设，提升员工的技能水平和工作积极性；建立科学的管理体系，优化资源配置，降低管理成本等。这些措施的实施将进一步增强企业的竞争优势，使其在市场竞争中更具优势地位。

最后，企业也要考虑到规模经济。当一个企业的用户数量增加时，其产品和服务的价值也会随之增加。这就是所谓的网络效应。通过利用网络效应，企业可以构建起强大的护城河。

在当今数字化时代，网络效应成为企业发展的关键因素之一。随着用户规模的扩大，新用户的加入将带来更多的潜在需求和市场机会。这种增长的良性循环使得企业能够不断优化产品和服务，提升用户体验，进而吸引更多的用户加入。

网络效应的核心在于用户之间的互相连接和共享资源。当一个企业拥有庞大的用户基础时，这些用户之间可以通过平台相互交流、分享信息和资源，形成一种协同效应。这种协同效应不仅能够加速产品和服务的创新迭代，还能够降低企业的运营成本和风险。

此外，网络效应还为企业带来了竞争优势。在一个竞争激烈的市场环境中，拥有庞大用户基础的企业往往能够更好地抵御竞争对手的威胁。因为一旦一家企业建立起了强大的网络效应护城河，其他企业很难在短时间内追赶上其规模和影响力。这使得企业在市场上占据更有利的地位，更容易实现持续增长和盈利能力的提升。

然而，要充分利用网络效应并构建起强大的护城河并非易事。首先，企业需要持续创新，提供具有吸引力和独特性的产品和服务，以吸引用户的关注和留存。其次，企业需要建立良好的用户关系管理系统，加强与用户的互动和沟通，提高用户黏性和忠诚度。最后，企业还需要注重品牌建设和市场营销，通过有效的推广手段扩大用户群体，进一步巩固其市场地位。

在本章的末尾，希望你能记住建造护城河的公式，它是实施战略最基础的保障：

> 护城河=创新×品牌建设×规模经济×网络效应

第三章

管理的底层逻辑

好的管理是怎么样的

管理通常分为两种类型：一种是好的管理，另一种是坏的管理。更具体地说，我们可以将其理解为真管理与假管理。

好的管理往往并不显眼，甚至在某些情况下，它看上去并不像是我们传统意义上的"管理"。它可能没有明确的规章制度，也可能没有严格的执行力度，但它能够有效地推动组织的发展，提高员工的工作效率，使整个团队运行得更加顺畅。

好的管理者就像老子所言："太上，不知有之。其次，亲而誉之。其次，畏之。其次，侮之。"

最好的统治者或管理者，人们都感受不到他的存在。其次的统治者或管理者，人们尊敬他、赞美他、亲近他。再次的统治者或管理者，人们害怕他。最不高明的统治者或管理者，人们心里厌恶他。

一般情况下，我们会觉得大多数管理者都是有水平的，都是好的管理者。然而，实际情况是，许多公司的管理在某种程度上都存在假管理现象。这些公司看似在进行管理，但实际上并没有真正达到预期的效果。他们的管理更像是一种形式，而不是一种实质。这种现象的存在，不仅对公司的发展造成了阻碍，也对员工的工作积

极性产生了负面影响。因此，我们需要警惕这种现象，努力寻找并实践真正的好管理。

如果说OKR是一种真管理，但是在一家一直在实施假管理的公司里，一旦引入OKR管理，很快就会被降为KPI管理。

什么叫假管理呢？

简单来讲，就是"只注重形式，而不注重内容，更没有执行"的管理。相当于给自己制订了一个旅游计划之后就将其束之高阁。

一个典型的例子是，某公司制定了一套严格的考勤制度，要求员工每天准时打卡上班。然而，在实际执行过程中，有些员工却经常迟到或早退。尽管公司对这种行为进行了警告和惩罚，但问题依然存在。这种情况表明，仅仅依靠制定规章制度并不能保证员工的执行力和纪律性。

另一个例子是，某企业设立了一个项目管理部门，负责监督和管理各个项目的进展。然而，由于缺乏有效的执行机制和监督措施，项目管理部门的工作往往流于形式。他们只是简单地开会、汇报工作进度，而没有真正去解决问题和推动项目的顺利进行。这种情况下，项目的延期和质量问题时有发生，给企业带来了不必要的损失。

什么叫真管理呢？说到这里，就要说到第一章一开始所提到的现代管理学之父德鲁克。德鲁克有一个惊天大发现：很多的管理其实都是假管理。真正的管理是真正明确谁是管理者的管理。

谁是管理者？这个问题好像很显而易见，是自己的领导，是公司的管理层。但是德鲁克以独到的眼光发现，真正的管理者是事，不是人。

简单来讲，在一个公司里，是事在管人，而不是人在管事。我们看到的管理都是人在管事，而不是事在管人。

在组织中，管理职能的行使是至关重要的。一个公司如果陷入管理混乱，最重要的原因是没有明确的目标来进行人员管理。在这种情况下，管理者通常会表现出一种职务权力，努力地管理着团队，但实际上却只是在无意义地忙碌着。因此，德鲁克提出了两个重要概念来区分管理者和执行者的角色。

其中一个是管理者（manager）。管理者负责制定目标、规划工作、分配资源以及监督团队的进展。他们需要具备良好的组织能力和决策能力，以确保团队的工作顺利进行并达到预期的成果。然而，仅仅拥有这些管理能力并不能保证管理者能够有效地管理团队，因为管理工作还需要更多的因素和技能。

另一个是执行、实施（executive）。这个词强调的是管理者在实际工作中的行动力和执行力。一个优秀的执行者不仅需要具备与管理者相同的能力，还需要具备更高的执行力和行动力。他们要能够迅速做出决策并付诸行动，确保团队的工作按照既定计划高效推进。同时，执行者还要具备灵活性和适应性，随时应对各种变化和挑战。

当管理者与执行者紧密配合、相互协作时，组织能够保持高效运转并取得长期的成功。管理者通过制定明确的目标和规划整体发展方向，为执行者提供了清晰的指引和支持。而执行者则通过将策略转化为具体的行动，将管理者的愿景落实到每一个细节中。这种紧密的合作关系使得组织能够迅速响应市场变化和客户需求，不断提升竞争力和创新能力。

因此，一个成功的组织需要同时拥有优秀的管理者和执行者。管理者负责制定目标和管理团队的整体方向，而执行者则负责将策

略转化为具体的行动并确保其顺利实施。只有两者紧密配合、相互协作，才能使组织保持高效运转并实现长期的成功。

抓大、放小、管细

在管理中，过于关注细节，反而会损伤管理的效率。

刘润老师曾经提出了管理的六字真言：抓大、放小、管细。

所谓"抓大"，是指我们需要关注和把握大局。

一家大型零售企业，如亚马逊或沃尔玛，可能会选择专注于其主要的市场和产品线。这些市场可能包括电子产品、家居用品、食品和饮料等。他们的主要目标是在这些市场上取得领先地位，即成为消费者首选的购物场所。

这种专注策略有其优势。首先，它可以帮助企业更有效地分配资源。在有限的市场和产品线上投入更多的精力和资金，可以提高产品的质量和服务水平，从而吸引更多的消费者。其次，专注可以帮助企业更好地理解市场和消费者需求。通过深入研究主要市场，企业可以更准确地预测市场趋势，提前调整产品和服务策略。最后，专注也可以提高企业的竞争力。在一个高度竞争的市场环境中，只有能够在自己擅长的领域内提供具有独特价值的产品或服务的企业，才能在竞争中脱颖而出。

然而，这并不意味着大型零售企业不能尝试进入新的市场或提供新的产品。事实上，许多成功的企业都是通过不断创新和扩大业务范围来实现增长的。但是，这需要在保证现有业务稳定的基础上进行，否则可能会导致资源的分散，影响核心业务的竞争力。

所谓"放小"，是指我们需要学会放手，不要过于纠结一些细节问题。

对于一些小型企业或者初创公司，他们可能没有足够的资源来处理所有的问题和挑战。这些企业往往处于创业阶段，资金有限，人力资源紧张，因此在面对各种问题时，可能会感到力不从心。

在这种情况下，他们可能会选择将一些次要的业务或者问题交给其他公司或个人处理。比如，他们可能会将一些非核心业务外包给专业的服务提供商，以减轻自身的负担，专注于自己的核心业务。或者，他们可能会将一些问题交给内部的员工或者其他合作伙伴来解决，这样可以节省成本，同时也能充分利用现有的资源。

然而，这并不意味着他们完全忽略了这些问题。相反，他们会尽可能地寻找解决方案，以确保公司的正常运行。例如，他们可能会通过优化业务流程，提高工作效率，从而节省时间和资源。或者，他们可能会通过引入新的技术和工具，提高产品的质量和性能，从而提高市场竞争力。

所谓"管细"，是指我们需要关注和处理一些细节问题。

在商业运作的复杂环境中，每一个看似微不足道的细节都可能对最终的结果产生深远的影响。例如，一家餐厅在运营过程中，可能会非常关注食品的质量、服务的质量和环境的氛围。这些因素，虽然在日常生活中可能被人们忽视，但在商业运作中，它们能直接影响到顾客的满意度和回头率。如果餐厅的食品质量不过关，服务不到位，或者环境氛围不舒适，那么顾客可能会选择其他的餐厅，从而影响到餐厅的生意。因此，餐厅必须对这些细节进行严格

的把控，以确保提供最优质的服务和产品，从而赢得顾客的信任和忠诚。

比如，某餐厅曾经在当地非常受欢迎。然而，随着时间的推移，这家餐厅的菜单开始出现一些问题。食物变得不如以前美味，食材的质量也有所下降。顾客们开始抱怨食物的质量下降，而餐厅的管理层似乎对此毫不在意。

然而，不久之后，一些顾客开始出现食物中毒的症状。这引起了当地卫生部门的注意，他们对这家餐厅进行了一番调查和检测。结果发现，这家餐厅的食品质量存在严重问题，其中一些食材甚至已经过期。这一消息迅速传遍了整个城市，人们对这家餐厅的信任瞬间崩塌。

面对舆论的压力和政府的处罚，餐厅的管理层终于意识到问题的严重性。他们决定重新装修餐厅，改善食材供应链，并加强员工的培训和管理。经过一段时间的努力，餐厅逐渐恢复了往日的声誉，但这段经历给餐厅留下了深刻的教训。

同样，一家制造企业也可能会非常关注产品的生产过程和质量控制。在制造业中，产品的质量和企业的品牌声誉是决定企业成功与否的关键因素。如果产品的生产过程出现问题，或者质量控制不严，那么产品的质量就可能受到影响，从而影响到企业的品牌形象和市场竞争力。因此，制造企业必须对生产过程和质量控制进行严格的管理，以确保提供最优质的产品，从而赢得市场的认可和支持。

在电子产品的生产过程中，质量控制的重要性不言而喻。如果质量控制不严，可能会导致产品在使用过程中出现各种故障，从而影响消费者的使用体验和公司的品牌形象。

管人还是管事

《吕氏春秋》曰:"贤主劳于求贤,而逸于治事。"

这句话的意思是说,贤明的君主一般都要花很多时间去寻找贤才,而不会浪费太多的时间在一些小事上。其深刻含义在于强调贤明的管理者应该将精力集中在寻求和选拔人才上。他们不仅注重发掘和培养内部潜力,更懂得在具体事务的管理中采取超然的态度。这种管理方式使他们能够更加专注于制定战略和方向,而将实际的执行和管理交由得力的下属来完成。

美国著名企业家、钢铁大王卡耐基也是一位善于用人的专家。他深知人才的重要性,在他的墓碑上刻着这样一句话:"一个知道选用比自己更强的人来为他工作的人安息于此。"这句话体现了他对人才的重视和对用人之道的精深理解。卡耐基明白,只有充分发挥每个人的优势,才能实现事业的长远发展。

从卡耐基的例子中可以看出,管理应该侧重于管人而不是管事。管理者应该具备敏锐的眼光和卓越的判断力,能够发现和吸引优秀的人才。同时,他们也应该给予下属足够的自由度和空间,让他们发挥自己的专长和创造力。只有这样,才能形成一个高效、协作的团队,共同推动事业的发展。

在现代企业中，管理者的角色已经从传统的事务型转变为更加关注人的管理。他们不再只是简单地分配任务和监督执行，而是更加注重团队成员的潜力和发展。通过敏锐的眼光和卓越的判断力，管理者能够准确地识别出具有潜力的人才，并为他们提供适当的机会和挑战，以激发他们的潜能和创造力。

与此同时，管理者也应该给予下属足够的自由度和空间，让他们在工作中发挥自己的专长和创造力。这种自由度的给予不仅可以提高员工的工作积极性和满意度，还可以促进创新和团队合作。当员工感受到管理者的信任和支持时，他们会更愿意主动参与工作，提出新的想法和解决方案，从而推动团队的整体发展。

在过去，某些公司由于过于关注内部运营和管理，忽视了员工的满意度和士气。比如，有些公司在追求效率和生产力的过程中，可能会忽视员工的个人需求和感受，导致员工士气低落，工作效率下降，甚至出现员工流失的问题。这样的忽视最终可能会导致公司的运营出现问题，甚至导致公司的失败。

随着科技的发展，许多公司都在尝试通过自动化和数字化来提高效率。然而，过度依赖技术可能会导致员工被边缘化，他们可能会觉得自己的工作不再重要，从而导致他们的工作满意度下降。如果公司不能及时解决这个问题，那么这可能会导致员工的离职率上升，进而影响到公司的稳定运营。

将管理的重心放在人上，因此而取得成就的例子比比皆是。

比如谷歌和苹果。这两家企业都以其独特的领导风格和管理哲学而闻名。谷歌强调员工的自由度和创造力，鼓励员工追求个人兴趣和激情。这种管理方式激发了员工的创新精神，为公司带来了许多突破性的产品和服务。同样，苹果也注重培养和发展优秀的员工团队。它的领导者注重激励和赋能员工，使他们能够充分发挥自己的潜力。这种积极的管理方法使得苹果能够在竞争激烈的科技行业中保持领先地位。

另一个值得一提的例子是亚马逊。这家电子商务巨头的成功在很大程度上归功于其强大的人力资源管理能力。亚马逊注重吸引和留住顶尖的人才，并通过提供具有竞争力的薪酬和福利来激励员工。此外，亚马逊还注重培养员工的技能和职业发展机会，为他们提供广阔的发展空间。这种以人为本的管理理念使得亚马逊能够不断壮大并在全球范围内取得成功。

当然，凡事都不是绝对的，在有些情况下，我们在管理的时候，要侧重于"事"，比如初创公司或小型团队。这是因为在这种情况下，公司的资源通常是有限的。为了把这些资源的利用效率最大化，管理者必须通过有效的管理和决策来确保每一笔投入都能产生最大的回报。这可能包括对公司的运营流程进行优化，对市场趋势进行精准预测，以及制定出切实可行的业务策略等。

然而，随着公司的发展，员工的数量也会逐渐增加。在这种情况下，管理者就应该从"管事"逐渐偏向于"管人"。因为在这种情况下，管理者不仅需要关注公司的运营和管理，还需要关注员工的发展和激励。他们需要通过各种方式来激励员工，引导他们更好地完成任务，从而实现公司的目标。

这可能包括提供具有竞争力的薪酬和福利，建立公平的评价和晋升机制，提供各种职业发展机会，以及创建一个积极的工作氛围等。通过这些方式，管理者可以激发员工的工作热情和创新精神，从而提高他们的工作效率和质量，帮助公司实现更大的成功。

不过一般来讲，管人往往比管事更为重要。毕竟，就算是再怎

么重要的事，也是人做出来的。

管人，事半功倍；管事，事倍功半。

无论是什么，都要为企业最终的目的而服务。

扁平化管理需要注意什么

曾经有人用一句话道破了扁平化管理的真谛——带大象去跳舞。

扁平化管理是一种颠覆传统管理模式的理念。它的核心思想是打破传统的金字塔式组织结构，减少企业管理的层级，缩小上下级之间的距离，以及逐渐扩大企业的管理范围。这种管理模式的出现，旨在提高企业的运行效率，增强企业的竞争力。

扁平化管理的概念源自托马斯·弗里德曼的著作《世界是平的》。在这本书中，他提出了一个观点："我们坐在屏幕前就可以和纽约、伦敦、波士顿、旧金山的合作伙伴一起进行实时对话……我们发现世界正在变得扁平……"这句话揭示了现代社会信息化、全球化的趋势，也预示了扁平化管理的必然出现。

在当今这个竞争激烈的市场环境中，传统的"金字塔"式管理方法已经无法满足企业的发展需求。随着科技的进步和市场的变化，企业需要更加灵活、高效的管理方式来应对各种挑战。因此，扁平化管理应运而生，它以简洁、高效的特点，为企业提供了一种新的管理思路和方法。

第三章 管理的底层逻辑

传统管理模式

- 总经理
- 总监
- 部门经理
- 部门主管
- 员工

扁平化管理模式

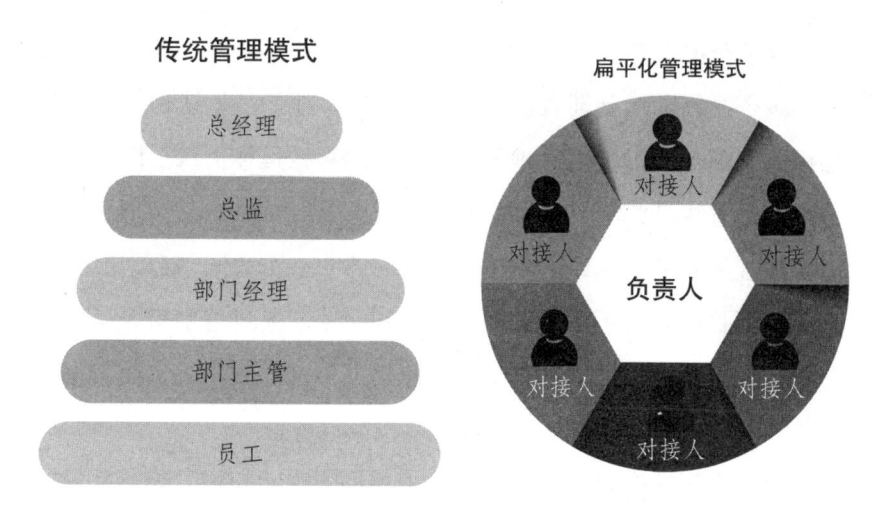

负责人 / 对接人（六个对接人围绕负责人）

在当今的管理环境中，一种趋势正在逐渐显现，那就是越来越多的企业开始尝试简化的组织结构，让企业的管理层次变得越来越"扁平"。这种管理模式的目标是提高企业的应变速度，以适应日益变化的市场环境。

以某老牌汽车配件生产公司为例，为了适应市场环境的变化，他们也正在经历着管理结构的扁平化改革。这家企业有着超过半个世纪的历史，下属设有多个分公司，产品种类丰富，包括汽车、拖拉机、轮船、内燃机等在内的十多个品种。

随着公司业务的不断扩展，各种问题也随之浮现。首先，外部机构与决策层的距离越来越远，日常办公的效率也越来越低。每天都有大量的信息从各个部门和分支机构提交过来，但是由于不能及时利用这些信息，公司往往难以根据市场需求快速做出决策。其次，公司内部系统的应用和管理无法整合，各分公司的系统五花八门，缺乏统一的身份认证和管理机制，导致非法入侵事件频发，许多内部机密信息流失，引发了各种安全隐患。此外，员工的办公环节混乱无序，缺乏统一的管理流程，办事效率低下，这对公司的发

展产生了严重影响。

该企业领导层逐渐意识到了一些问题。他们开始认识到传统的层级式管理方式可能无法满足现代企业的高效运作需求。因此，他们决定实施"扁平化"的管理方式。

在这种新的管理模式下，公司计划建立一个协同平台，这个平台的主要目标是将不同层面的员工组织起来。通过这个平台，他们希望能够拉近员工之间的距离，消除信息传递的障碍，从而实现真正的扁平化管理。

为了实现这个目标，公司投入了大量的时间和精力进行反复研究和实践。经过一年多的努力，终于建立了一个多功能、承载多任务的协同平台。这个平台不仅能够有效地组织和协调各个部门的工作，还能够提供一个方便的信息交流和共享的平台。

通过实施这种"扁平化"的管理方式，公司管理效率得到了显著的提高。这种管理模式摒弃了传统的层级结构，将决策权下放给员工，使得信息传递更加迅速和直接。员工们不再需要经过烦琐的层级流程来获取信息，而是可以直接通过协同平台进行交流和分享，大大降低了沟通的时间成本。

在这种新的管理模式下，员工们的沟通变得更加高效和直接。他们可以随时随地与上级、同事进行交流，无论是工作上的问题还是个人的想法都可以得到及时反馈和支持。这种开放的沟通环境激发了员工的创造力和合作精神，促进了团队的凝聚力和协作能力。

此外，扁平化管理也增强了员工的归属感和满意度。员工们感受到了自己在工作中的重要性和价值，他们的意见和建议能够被管理层重视和采纳。这种平等和尊重的氛围让员工们更加愿意为公司的发展贡献自己的力量，提高了员工的工作积极性和忠诚度。

同样运用扁平化管理而获得成功的例子也不胜枚举。

比如谷歌，作为全球科技巨头，谷歌采用了扁平化的组织结构，强调员工的自主性和创新能力。公司鼓励员工提出新的想法和解决方案，并为他们提供必要的资源和支持。这种开放的文化氛围激发了员工的创造力和团队合作精神，使谷歌能够快速适应市场变化，推出了一系列颠覆性产品和服务。

比如亚马逊，这家公司以其高效的供应链管理和灵活的业务模式而闻名于世。亚马逊通过简化流程、减少层级和提高决策效率，实现了快速交付和客户满意度的提升。此外，亚马逊还鼓励员工参与创新项目，并提供丰厚的激励措施，以激发员工的潜力和积极性。

比如苹果，尽管苹果是一个庞大的跨国公司，但其组织结构却相对扁平。公司鼓励员工直接向高层管理层汇报工作，减少了中间环节的干扰和延误。这种扁平化的管理风格使得苹果能够更快地做出决策，并迅速应对市场变化。此外，苹果还注重员工的个人发展和培训，为员工提供了广阔的成长空间和机会。

当然，这种扁平化管理也需要注意一点，不要只注重形式而忽略了内容。

扁平化管理很容易给人带来一个误解，如果没有对其进行过深入的思考，就很可能将整个公司变成一盘散沙。

扁平化管理并不意味着所有人必须坐在一个屋子里，无论职位高低，人人平等，没有人能够指挥其他人。这也不是去中心化的管理方式，即没有明确的组织结构和层级关系。相反，扁平化管理更注重的是团队的协作和沟通，而不是严格的等级制度。

因此，扁平化管理并不是无组织的状态。它强调的是工作的灵

活性和效率，而不是死板的规章制度。在扁平化管理中，每个人都有自己的职责和任务，但是这些职责和任务并不是由上至下的指令决定的，而是由团队成员协商确定的。这种决策过程是自下而上的，每个人都有参与的机会，提出自己的观点和建议。

需要注意一点，扁平化管理中的原则、价值观和方法论并不是由领导自上而下地设定的，而是全体人员通过实践摸索出来的。这种方式源于以往的成功经验，是对过去的反思和总结。这种方式也鼓励创新和尝试，因为每个人都有机会提出新的思想和方法，而这些新的思想和方法可能会带来更大的成功。

扁平化管理还体现在对每个人充分授权。不管你是新人还是老人，只要你有意愿负责公司的一件事情，你就可以随时召集一个团队，你将掌握资源，并最终决定该怎么做。同事们会给你提出建议，但是最终的决定权在于你。然而，如果因为你的失误而导致事情失败，你在公司的影响力可能会随之下降，而且还要承担一定的损失。

这种授权的方式也有助于促进团队合作和沟通。当每个人都有权做出决策时，他们会更加积极地参与讨论和分享意见。团队成员之间的合作和协作变得更加紧密，因为他们都明白自己的贡献是至关重要的。同时，这也为员工提供了成长和发展的机会，他们可以通过实践和经验积累提升自己的能力和技能。

然而，这种授权方式也需要建立在信任和尊重的基础上。领导者需要给予员工足够的支持和指导，确保他们能够做出明智的决策。同时，员工也需要对自己的责任有足够的认识和承担能力。只有在互相信任和支持的基础上，扁平化管理才能真正发挥作用，为公司带来更好的成果和发展。

每个人都可以是人才吗

我们常常听说"物尽其用，人尽其才"。然而，现实情况是，有些人有大才，有些人有小才，而有些人没有才。

这世上有无才的人吗？

显然没有，每个人如果放到特定的领域和身处于特定的环境中，他都能成为一匹黑马。

历史上有无数这样的人，一开始周围的人都不看好他，但他日后所取得的成就却惊艳了众人。

最典型的例子就是有史以来最伟大的发明家之一托马斯·爱迪生。他小时候在学校里被认为是一个"笨蛋"，因为他经常无法理解老师教的东西。然而，他对科学和技术的热爱使他成为一位伟大的发明家和创新者。他的发明，如电灯、留声机和电影摄影机，彻底改变了人类的生活方式。

英国管理学家 E. 特雷默认为，人的才华虽然高低不同，但肯定各有长短。因此，管理者在选拔人才时，要看重其优点而不是缺点。通过充分利用个人特有的才能，再委以相应的责任，让每个人都能够充分发挥自己的专长，这样才会使各方的矛盾趋于平衡。

如果职位与才华不能相互适合，个人应有的能力得不到发挥，势必会激化矛盾。这种矛盾的激化可能会导致团队内部的不和谐，

甚至影响整个组织的正常运转。因此，管理者在选拔人才时应该注重发掘和培养每个人的优势，让他们在适合自己的岗位上发挥最大的价值。

E.特雷默的这种观点被称为"特雷默定律"，它强调了人才的合理配置和利用的重要性。这一定律逐渐被人们引用到管理学上，成为一种普遍认同的管理原则。它提醒管理者们要善于发现和挖掘每个人的潜能，将合适的人放在合适的岗位上，避免人才浪费和内部冲突的发生。

没有无用的人，只有"用人"无能。这句话意味着每个人都有自己的价值和潜力，只要给予适当的机会和培养，就能发挥出优秀的才能。管理者们应该摒弃对人才的偏见和歧视，用公正的眼光看待每个人的优点和不足，为他们提供合适的发展空间和机会。

作为一位卓有成效的管理者，我们不能仅凭表面现象对员工进行判断和评价，轻易地将他们划分为优劣等级。相反，我们需要具备敏锐的洞察力和深厚的智慧，善于发掘每个人的潜力，全面而深入地了解他们的能力和特长。

我们必须意识到，有些员工可能具有出色的技术或才能，但由于不擅长表达自己或者性格内向，他们往往只是默默地专注于自己的工作，从而被管理者忽视。然而，如果管理者能够对他们进行深入的观察和了解，就会发现他们在某一特定领域内具有非凡的专业知识和技能。

另外，如果管理者缺乏发现和培养潜在人才的能力，或者无法看到一个人的劣势在某些情况下也能转化为优势的事实，那么他们可能会轻易地认定某个员工只有缺点没有优点，认为他对企业没有任何价值。这种以短掩长的做法是极其错误的。正如古人所说"一叶障目，不见泰山"，这会导致企业失去最佳的人力资源配置，进而影响企业的发展和竞争力。

因此，作为一位明智的管理者，我们应该学会"智者取其谋，愚者取其力，勇者取其威，怯者取其慎"。只有通过这种方式，我们才能够真正识别出每个员工的潜力和价值，使他们能够在适合的职位上发挥所长，进而推动整个企业的繁荣和发展。

在团队中，每个人都有自己独特的优势和特点。然而，更重要的是，管理者需要具备卓越的能力，将这些人按照各自的特长和能力安排到最适合的职位上。只有这样，他们才能够充分发挥自己的才华和潜力，为整个企业的成功做出贡献。

举个例子，某管理咨询公司是一家由三个志趣相投的朋友共同创建的专业管理咨询机构。这三个人是多年的好友，他们之间有着深厚的友谊。然而，许多人并不看好他们的合作，认为这样的组合注定会散伙，甚至有可能因为矛盾而伤害到他们之间的友情。因为在现实生活中，朋友们一起做生意往往会因为利益纷争或观念不和而导致关系破裂的例子实在是太多了。

然而，出乎所有人的意料的是，这家公司成立四年，不仅没有散伙，反而业务越做越好，合作也越来越默契。那么，究竟是什么原因使得他们的合作如此成功呢？

原来，该公司的一把手李某在做事时主要依靠直觉。他的长处是善于发现可以开发的业务机会，能够从长远的角度看待问题，具有较强的创新意识和对整体发展的关注。他的缺点是不太关注现实情况，容易忽视细节。可以说，他是一个典型的开拓型人才。

另一个合伙人冯某则是守成型人才，他所负责的业务是公司的咨询服务质量。冯某善于把已有的业务做得更加牢靠，十分注重利益。

他在业务拓展上略显保守，不擅长开拓创新。最后一个合伙人江某属于实干型人才。善于执行任务，他喜欢有挑战性的工作，勇于尝试新鲜事物。他能够把李某发现的机会变成现实。这样一来，该管理咨询公司的高层团队就有了很好的搭配，优势互补。

团队成员之间的互补不仅仅局限于能力方面的互补，在专业知识与结构上的互补也相当重要。这种互补使得他们能够更好地应对各种复杂的市场环境和客户需求，从而推动公司的持续发展和壮大。

本章的最后，如果只能记住一点，那么请记住这句话：

> 管理的核心，是人！

第四章
市场的底层逻辑

市场上有免费的午餐吗

在许多人看来，保护空气和水资源是每个人都应该承担的责任。然而，在经济学家的视角下，他们会对任何事情都先问一句"值不值得"。即使某个事物具有很高的价值，但如果付出的代价过高，那么这个事物就不应该被保留或推广。

这也就是说，在市场上，没有免费的午餐。或者说，凡事都有代价，有些事情看上去好像不需要自己付出什么成本，就可以获得，但细想一下，其实那些代价都被隐藏起来了，被称为"隐形的成本"，不容易被发现。

时间成本、精力成本、售后成本……

放大镜
价格：0元

以环保问题为例，环保主义者坚信我们应该保留大自然的原始美景，如青山绿水。然而，经济学家会首先考虑江水可以承受多少

第四章 市场的底层逻辑

污染，以及这种污染能带来多大的经济效益。在这种情况下，最优的解决方案可能并不是简单地关闭工程，而是将排污权出售给污染企业。

因为只有那些愿意支付最高价的企业才能从中获得最大的利益，也就是对社会贡献最大的企业。这样，就可以让污染的代价得到最有效的利用。这种做法既保护了环境，又实现了资源的合理配置，是一种兼顾经济发展和环境保护的可持续发展策略。

在商业市场，以亚马逊为例，这家全球知名的电子商务巨头曾经推出过一项独特的优惠策略。这项策略的核心是，只要消费者购买的商品总价值超过30美元，亚马逊就会为其免费邮寄。这个优惠策略的目的是吸引消费者购买更多的商品，从而增加销售额和市场份额。

假设你正在亚马逊上浏览书籍，并且发现了一本价值15美元的书。然而，当你准备结账时，你可能会发现还需要支付额外的邮费。这时，你可能会考虑再购买一本书，以确保总价超过30美元，从而享受到免费的邮寄服务。这样一来，你就可以省下邮费，同时还能获得两本书的优惠。

然而，在享受这个优惠的过程中，你可能会发现实际上需要花费更多的钱。这并不是因为商品价格的下降导致需求增加，而是因为免费邮寄的存在。当你知道可以免费邮寄时，你可能会更倾向于购买更多商品，以满足免费邮寄的条件。这样一来，即使每本书的价格没有变化，你仍然需要支付更多的费用来满足免费邮寄的要求。

总的来说，亚马逊的这项独特优惠策略通过提供免费邮寄服务，巧妙地利用了消费者的购物心理和行为偏好。它不仅鼓励消费者购买更多商品，还为亚马逊带来了可观的经济利益。这种策略的成功在于它巧妙地结合了价格优惠和免费邮寄的优势，使消费者在购物过程中感到更加满意和愉悦。

经济学家指出，降价确实可以刺激消费者的购买欲望，但是免费的效果却更为显著。亚马逊在法国的分部就是一个很好的例子，他们推出的优惠政策并不是免费邮寄，而是只收取1法郎的邮寄费。当时的1法郎大约等于20美分，这个价格并不高，与免费差不多。然而，尽管这项政策看似非常诱人，但是响应的消费者却寥寥无几。

那为什么免费会改变人们的购物心理呢？这是因为，所有的买卖都会有有利的方面和不利的方面。免费让你忘记了它不利的方面。你会觉得免费是没有任何风险的，你不需要放弃任何的东西。这个时候，你的思维就跟有价格的时候完全不一样了。其实天底下哪有免费的午餐？结果就是越免费，你买得越多。这就是免费的力量，它可以改变人们的购物行为，甚至改变人们的生活方式。

在深入研究了"免费心理"背后的机制和原理之后，我们实际上已经掌握了一种有效的策略，可以帮助我们更好地进入市场，以及扩大我们的市场份额。这种理解不仅使我们能够更有效地吸引和保留客户，而且也使我们能够更好地理解和满足他们的需求。因此，通过利用这些机制，我们可以在竞争激烈的市场环境中取得优势，从而实现业务的增长和成功。

首先，企业可以通过提供免费的试用产品或服务来吸引潜在客户。这种方式可以让客户亲身体验产品或服务的价值，从而增加他们购买的意愿。比如，一家软件公司可以免费提供试用期，让客户在购买前先了解产品的功能和优势。这样一来，客户就能够更好地评估产品的适用性和实用性，从而提高购买的可能性。

其次，企业可以通过免费的内容营销来吸引潜在客户。通过发布有价值的内容，如博客文章、视频教程、社交媒体帖子等，企业可以在目标受众中建立专业形象，并展示其专业知识和经验。当潜在客户对内容感兴趣时，他们可能会进一步了解企业的产品和服务，从而转化为实际客户。此外，企业还可以通过合作伙伴关系或赞助活动来获取免费的内容宣传机会，进一步扩大其影响力。

再次，企业可以通过免费咨询或培训来建立良好的客户关系。通过提供免费的咨询服务或培训课程，企业可以与客户建立更紧密的联系，并提供个性化的解决方案。这种个性化的服务可以帮助企业赢得客户的信任和忠诚度，进而促进销售的增长。同时，通过定期的客户回访和维护活动，企业可以保持与客户的良好沟通，及时解决问题和需求变化，进一步提升客户满意度和口碑效应。

最后，企业还可以通过免费赠送小礼品或优惠券等方式来激发客户的购买欲望。这些小礼品可以是企业的周边产品、样品或折扣券等，旨在增加客户的购买动力和满意度。虽然这些赠品的成本可能不高，但它们可以有效地激发客户的购买欲望，并促使客户更愿意尝试企业的产品和服务。

为什么要看基础概率

如果我现在告诉你,我要出门买彩票,你觉得我会中奖吗?

大概率不会,因为对于个人来讲,彩票中奖的概率很低。

如果我现在要出门买袋盐,你觉得我能买到吗?

你肯定毫不犹豫地回答"肯定可以",因为盐在市场上到处都是。

这其实就是一件事物发生的基础概率,我们不能只看这件事能不能发生,会不会发生,更要看它发生的概率是多少。

基础概率如今被广泛应用于各个领域,其中最常见的就是市场预测与金融。

比如,现在有一家专门生产电子产品的公司,他们计划推出一款全新的智能手机。这款手机的目标用户群体广泛,包括年轻人、中年人以及老年人。因此,为了确保这款新产品能够顺利上市并取得成功,公司决定进行一次全面的市场调研。

市场调研的过程通常包括两个主要步骤:首先,通过问卷调查、访谈或者观察等方式收集目标用户群体的需求信息;其次,对这些数据进行详细的分析和解读,以获取有关用户需求、购买意愿等方面的详细信息。

第四章　市场的底层逻辑

在这次的市场调研中，公司对目标用户群体进行了深入的研究。他们不仅询问了用户对不同功能的需求程度，还了解了他们对产品价格的接受度，以及对竞争对手产品的满意度等。此外，他们还收集了大量的用户反馈和建议，以便更好地理解用户的实际需求。

经过一段时间的调查和分析，公司得到了一份详尽的报告。这份报告包含了用户的各种需求信息，如对不同功能的需求程度、购买意愿等。这些数据为公司的产品设计和定价策略提供了重要的参考依据。

基于这些数据，公司可以运用基础概率计算方法，计算出不同功能组合的市场接受度。例如，如果数据显示用户对某种特定功能的需求程度很高，那么这种功能的产品就有可能在市场上取得成功。反之，如果某种功能的用户接受度较低，那么公司就应该考虑调整产品设计，减少这种功能的使用。

再比如，在金融领域，投资者经常需要面对各种投资选择，并需要对每个项目的风险与收益进行评估。而基础概率的计算方法可以帮助投资者通过历史数据和统计模型来预测某个投资项目可能获得的利润或亏损情况。

对于一家投资公司而言，他们正在考虑是否要投资一家初创企业。通过基础概率的分析，他们可以运用统计学的方法来评估该企业的成功率、平均回报率等指标。这些指标可以帮助投资者了解该初创企业的潜在风险和回报潜力。

首先，投资者可以通过基础概率计算出该初创企业的成功率。成功率是指在一定时间内实现预期目标的概率。通过对历史数据的分析，投资者可以了解该企业在类似情况下的成功概率，从而对其

未来的发展做出合理的预测。

其次，投资者还可以通过基础概率计算出该初创企业的平均回报率。平均回报率是指投资项目在一定时间内的平均收益率。通过对历史数据的统计分析，投资者可以了解该企业在相同行业或市场中的平均回报率水平，从而对比其他投资项目的回报率，判断该初创企业是否具备较高的投资价值。

在零售业中，价格无疑是消费者购买决策的关键要素之一。通过运用基础概率的计算方法，零售商可以深入了解市场上同类产品的价格分布情况。

基础概率可以帮助零售商了解市场上同类产品的价格区间。通过对大量产品的定价数据进行统计和分析，零售商可以确定一个合理的价格范围，从而避免由于过高或过低的价格导致销售困难。同时，基础概率还可以帮助零售商识别出市场中的高价产品和低价产品，以便更好地满足不同消费者的需求和预算。

基础概率可以指导零售商制定产品定位和定价策略。基于基础概率的分析结果，零售商可以判断自己的产品在市场上的竞争地位。如果产品的定位是高端市场，那么定价应该相对较高；而如果定位是中低端市场，那么定价就应该相对亲民。通过合理的定价策略，零售商可以在激烈的市场竞争中脱颖而出，从而吸引更多的消费者。

最后，基础概率还可以帮助零售商优化库存管理策略。通过基础概率的分析，零售商可以识别出热销产品和滞销产品。对于热销产品，零售商可以适当增加库存以满足市场需求；而对于滞销产品，零售商则可以考虑降低价格或者采取促销措施来刺激销售。通过灵活调整库存管理策略，零售商可以提高销售额和利润率，实现经营目标。

简而言之，基础概率是市场中一个最重要的因素，基础概率越低，成功率就越低。不要只看到多少人在其中获了利，更要看获利的概率是多少。正如那句古话所说"男怕入错行，女怕嫁错郎"，选错了"基础概率"，会让我们事倍功半。

消除信息不对称，进军市场

有时候，市场并不是一个完全透明的地方。在现实中，市场中的交易和价格往往受到各种因素的影响，这些因素可能难以被完全理解和预测。因此，那种理想中的、清晰透明的市场只存在于经济学家的理论模型和黑板上的理想状态。

在经济学领域，经济学家常常将市场描绘成一种理想化的模型，其中交易双方能够完全了解彼此的需求和供给，并且没有任何信息不对称或外部性的影响。在这种理想市场中，价格会准确地反映所有可用的信息，从而更高效地配置资源。然而，实际情况往往与理想状态相去甚远。

信息不对称是市场上普遍存在的问题。在现实中，买方和卖方往往拥有不同的信息，导致一方无法准确了解另一方的真实需求或意愿。这种信息不对称可能导致交易的不公平和效率低下。例如，买家可能无法准确评估商品的真实价值，从而导致他们支付过高的价格；而卖家则可能利用这种信息不对称来获取不合理的利润。

外部性也是影响市场透明度的重要因素。外部性是指市场交易

对第三方产生的非市场效果，如污染排放对环境的影响。在某些情况下，外部性可能会使市场价格偏离真实价值，从而影响市场的运作效率。例如，工厂排放污染物可能会导致周围居民的健康受损，但这种损害并不会直接体现在工厂的生产成本中，从而导致市场价格失真。

在第一章的第三节中提到过，企业存在的目的是降低社会交易成本。因此，企业若是有办法消除市场信息的不对称性，便能抓住机会。

信息不对称尤其会影响在二手车市场，因为在二手车市场中，买家和卖家之间存在着明显的信息不对等。买家可能无法完全了解车辆的真实情况，而卖家则可能利用这种信息优势来提高价格。

瓜子二手车作为中国领先的二手汽车交易平台，其成功之处不仅在于其创新的商业模式和强大的技术支持，更在于其在市场竞争中展现出的卓越品质和服务。

首先，瓜子二手车在商业模式上的创新是其成功的关键之一。相比传统的线下二手车交易方式，瓜子二手车将线上与线下相结合，通过互联网技术和大数据分析，实现了对二手车市场的全面覆盖和精准定位。用户只需在手机上简单操作，便可快速找到心仪的车辆，并通过在线支付、过户等便捷流程完成交易。这种模式不仅提高了交易效率，降低了交易成本，还为用户提供了更加安全、可靠的交易环境。

其次，瓜子二手车在技术支持方面的优势也是其成功的重要因素。瓜子二手车拥有一支专业的技术团队，不断投入研发和创新，致力于提升平台的技术实力。瓜子二手车开发了一套智能化的评估系统，通过对车辆的外观、内饰、发动机等多个维度进行综合评估，为买家提供准确的车辆信息和价格参考。此外，瓜子二手车还引入了人工智能和大数据分析技术，通过对海量数据的挖掘和分析，为用户提供个性化的推荐服务，帮助他们更快地找到符合自己需求的车辆。

再次，瓜子二手车注重用户体验和服务的品质也是其成功之处。拥有完善的服务体系，从售前咨询到售后服务，为用户提供全方位的支持和保障。瓜子二手车的工作人员经过专业培训，具备丰富的行业知识和经验，能够及时解答用户的疑问并提供专业的建议。同时，瓜子二手车还提供了全程陪同验车、过户等服务，确保用户在购车过程中享受到无忧的交易体验。

最后，瓜子二手车在市场竞争激烈的情况下保持了持续的创新和发展势头。不断推出新的产品和服务，满足用户不断变化的需求。例如，瓜子二手车推出了"瓜子保"等增值服务，为用户提供全方位的保险保障；开展线下门店布局，为用户提供更加便捷的购车渠道。这些举措不仅增强了用户的黏性和忠诚度，也为瓜子二手车赢得了更多的市场份额。

古今中外，利用消除信息不对称而获得成功的企业还有很多。

比如，阿里巴巴，作为中国最大的电子商务平台，同时也是全球最大的零售电商之一，其影响力和地位无人能敌。阿里巴巴的成功在很大程度上得益于其独特的在线市场平台，这个平台成功地消除了买家和卖家之间的市场信息不对称问题。

在传统的交易模式中，买家往往需要通过各种渠道获取卖家的信息，如产品质量、服务态度等，这些信息往往是片面的，甚至可能存在误导性。而在阿里巴巴的平台上，买家可以查看卖家的评价和信用记录，这些都是经过系统筛选和验证的，能够真实反映卖家

的信誉和产品质量。这样，买家就可以更加准确地了解卖家，从而做出更为理性的购买决策。

同时，阿里巴巴的平台也为卖家提供了一个展示自己产品和服务的平台。卖家可以通过发布产品信息、参加线上活动等方式，吸引更多的潜在买家。这不仅可以提高卖家的知名度，也有助于提高他们的销售机会。此外，阿里巴巴还提供了一系列的营销工具和服务，帮助卖家更好地推广自己的产品，从而提高销售额。

再比如，优步，作为一家全球领先的共享出行服务公司，其成功的关键因素很大程度上在于它有效地消除了市场中的信息不对称现象。通过其精心设计的手机应用程序，优步成功地为乘客提供了实时的车辆位置信息和司机评价功能，使乘客在决定是否使用该服务之前，能够对司机的技能和服务进行详细的评估。这种透明度不仅增加了乘客的信任度，也为优步赢得了大量的忠实用户。

此外，优步还为司机提供了一个展示自己技能和服务质量的平台。在这个平台上，司机可以分享他们的驾驶经验，提供优质的服务，以此来吸引更多的客户。这种机制不仅提高了司机的工作满意度，也进一步提升了乘客的出行体验。总的来说，优步通过消除信息不对称，提高服务质量，以及为司机提供展示自己的平台，成功地打造了一个公平、透明、高效的共享出行市场。

亚马逊也是很好的一个例子。作为全球最大的电子商务公司之一，其成功在很大程度上归功于其消除了市场信息不对称的能力。亚马逊通过其详细的产品描述、用户评价和价格比较功能，为消费者提供了丰富的信息，使用户能够在购买前做出明智的选择。这种信息的丰富性和透明度，使得消费者在购物过程中能够更加自信和安心，同时也提高了消费者的购物体验。

此外，亚马逊还通过其强大的物流系统，确保了产品快速和准确地交付，进一步减少了市场信息不对称。这种高效的物流系统不仅使消费者能够在短时间内收到他们购买的商品，也使卖家能够更快地将商品销售出去，从而提高了市场的流动性和效率。这种物流系统的高效性使市场的信息流动更加顺畅，从而进一步减少了市场信息不对称。

总的来说，亚马逊通过其消除市场信息不对称的能力，不仅提高了消费者的购物体验，也提高了市场的流动性和效率，从而占领了在全球电子商务领域的领先地位。

小而美的市场也是一种选择

在大部分情况下，市场的竞争非常激烈，就像千军万马在独木桥上争先恐后一样。在这个拥挤的市场中，竞争者众多，每个参与者都希望能够脱颖而出。然而，如果一个人没有足够的实力和优势，很可能会被其他人挤出竞争圈，最终无法站稳脚跟。即使勉强站稳了市场，也会耗费大量的精力和资源，这对于个人和企业来说都是不小的负担。

在这种情况下，其实我们可以考虑转向小众市场，寻找那些尚未被充分开发的领域。小众市场虽然规模较小，但竞争压力相对较小，更容易获得市场份额。而且，小众市场的消费者往往更加忠

诚，对品牌的认可度和忠诚度也更高。因此，在小众市场中建立品牌和口碑相对容易。

此外，小众市场还具有更多的创新空间和发展潜力。由于市场规模较小，企业可以更加灵活地调整产品策略和营销手段，以满足特定消费者群体的需求。同时，小众市场也为创业者提供了更多的机会，通过独特的创意和差异化的产品来吸引消费者的注意力。

这也就是长尾理论，由克里斯·安德森提出。它主张在互联网时代，由于信息的流通和获取成本的下降，使得原本被边缘化的产品或服务也有可能获得巨大的市场。这个理论的核心观点是，网络效应能够使"小而美"的商品和服务通过互联网平台获得大量的用户，从而形成强大的市场份额。

在长尾理论中，"长尾"是指那些原来被认为不能产生利润的、销售量小的产品或服务，但通过互联网平台，这些产品或服务有可能找到自己的市场，甚至成为主流。这是因为互联网平台的开放性和便利性，使得消费者可以方便地比较和选择商品以及服务，从而使那些原来被忽视的需求得以满足。

互联网的出现，为企业提供了一种规模化的满足用户需求的可能。这种可能性的实现，使企业不再局限于传统的大规模生产销售模式，而是能够通过互联网平台和数字化技术，更加精准地了解消费者的需求，从而提供个性化的产品和服务。

在互联网的帮助下，企业可以借助大数据分析和人工智能等先进技术，对海量的用户数据进行深度挖掘和分析。通过对用户行为、偏好和需求的研究，企业能够更准确地把握用户的心理，深入了解他们的真实需求。同时，互联网还为企业提供了一个广阔的市场空间，使企业可以将产品或服务推广到全球范围内的消费者面前，从而实现规模化的满足用户需求的目标。

此外，互联网还为企业带来了更多的创新机会和商业模式。通过建立线上商城、社交媒体营销等方式，企业可以与消费者进行更加直接、实时的互动交流，及时获取用户反馈和意见，不断优化产品和服务。同时，互联网也为企业提供了更多的合作和拓展渠道，使企业能够与其他行业、企业和组织进行跨界合作，共同推动行业的发展和进步。

在这样的背景下，企业需要抓住机会，从原本冷门的产品中找到新的利润增长点。这就需要企业具备敏锐的市场洞察力和创新能力，能够在海量的商品和服务中找到那些被忽视的又有巨大潜力的小众市场。

在当今竞争激烈的商业环境中，企业必须保持敏锐的市场洞察力，以洞察消费者的需求和行为变化。只有深入了解消费者的喜好和趋势，企业才能准确预测未来的市场需求，并及时调整产品策略和营销手段。因此，拥有敏锐的市场洞察力是企业在寻找新利润增长点时的关键能力之一。

除了市场洞察力，企业的创新能力也是至关重要的。创新是推动企业发展和突破困境的重要引擎。在面对激烈的市场竞争时，企业需要不断探索和创新，以满足消费者不断变化的需求。通过引入新技术、设计新产品或改进现有产品，企业可以打破传统市场的局限，开拓新的市场份额。因此，拥有创新能力是企业在寻找新利润增长点时的另一个关键能力。

而要找到那些被忽视的又有巨大潜力的小众市场，就需要企业具备全面的市场调研和分析能力。通过对市场的细致观察和深入分析，企业就可以发现那些未被广泛开发的细分市场，这些市场可能

因为特定群体的需求或消费习惯而存在。一旦找到了这样的小众市场，企业就可以针对这些目标客户进行精准定位和定制化营销，从而获得更高的市场份额和利润回报。

对于小型企业来说，应用长尾理论有两个建议的策略：首先，小企业可以通过与大型电商平台的合作来推广其小众产品。这种方式可以让小企业的产品进入更广阔的市场，同时也可以利用大型电商平台的用户基础和品牌影响力来提升产品的知名度和销售量。通过这种方式，小企业可以借助大平台的力量，将自己的小众产品推向更广泛的受众，从而实现更好的市场表现。

其次，小企业可以借助跨部门的研发团队来实现快速个性化的产品开发。这种方式可以让小企业及时响应市场的变化，根据消费者的个性需求推出新的产品和服务。通过组建跨部门的研发团队，小企业可以更好地了解市场需求，并快速开发出符合消费者需求的新产品。这种快速反应的能力可以让小企业在竞争激烈的市场中脱颖而出，满足消费者的个性化需求，从而获得更多的市场份额和竞争优势。

爱彼迎是一个在线短租平台，它的成功在很大程度上归功于长尾理论。它通过提供大量的房源供人们租赁，涵盖了各种类型的房源，包括小型公寓、别墅，甚至是豪华的城堡。这使得任何有特殊住宿需求的人都可以在这个平台上找到满足他们需求的房源，无论这个需求有多么特殊或者小众。

随着互联网技术的不断发展和普及，越来越多的人开始选择在线预订短租房源作为旅行或商务出行的首选。与传统的酒店相比，短租房源更加灵活多样，能够满足不同人群的个性化需求。无论是家庭出游还是情侣度假，都可以在爱彼迎上找到适合自己的房源。

而且，短租房源的价格通常更加亲民，能够节省旅行开支，让更多的人享受到高品质的住宿体验。

除了提供多样化的房源选择，爱彼迎还注重用户体验和服务品质。平台上的房东会提供详细的房源信息和照片，方便租客做出决策。同时，爱彼迎也提供了安全保障措施，确保租客的人身和财产安全。此外，爱彼迎还鼓励房东与房客进行互动交流，增进了解和信任。这种积极的社区氛围使得爱彼迎成为一个真正连接房东和租客的平台，让人们可以在这里相互分享和交流旅行和生活经验。

奈飞也是商业运用长尾理论成功的一个典型例子。这个全球领先的在线流媒体平台，通过提供丰富多样的电影和电视节目，吸引了大量的用户，从而取得了显著的成功。

奈飞的成功在于它的独特商业模式，即通过订阅制度为用户提供无限访问其庞大的内容库的服务。这种模式使用户可以随时随地观看他们喜欢的节目，而不需要担心错过任何一部电影或电视剧。这种便利性和灵活性是奈飞能够吸引大量用户的关键因素。

然而，尽管奈飞拥有广泛的电影和电视节目库，但并非所有的作品都能受到所有用户的欢迎。有些电影和电视剧可能会因为各种原因（如剧情、演员表演、导演水平等）而受到一部分用户的冷落。但是，奈飞的广泛的内容库仍然能够吸引大量的用户。这是因为奈飞的推荐算法可以根据用户的观影历史和喜好来推荐他们可能感兴趣的内容，从而提高用户的满意度和使用率。

此外，奈飞的商业模式也使其能够产生大量的收入。即使只有少数的电影和电视节目非常受欢迎，奈飞也可以通过这些热门作品获得大量的订阅费用。而且，由于奈飞的用户基础庞大，即使只有一小部分的用户购买了这些热门作品的订阅服务，也能够为奈飞带

来可观的收入。因此，奈飞的成功在很大程度上可以归因于其广泛的内容库和有效的商业模式。

什么是"4P"

在商业领域中，市场和营销是两个密不可分的概念。它们之间的关系就像是一对舞伴，相互依赖，共同演绎着一场精彩的舞蹈。市场是舞台，而营销则是舞台上的表演者。没有市场，营销就无法展示其价值；同样，没有营销，市场也无法得到充分的挖掘和发展。因此，市场和营销相辅相成，共同推动着企业的发展。

市场是企业生存和发展的基础。一个企业要想在市场上取得成功，就必须了解市场需求，把握市场趋势，以满足消费者的需求为己任。市场为企业提供了一个广阔的舞台，让企业有机会展示自己的产品和服务，吸引潜在客户。正是因为有了市场的存在，企业才有了存在和发展的空间。

然而，仅仅依靠市场是不够的。在这个竞争激烈的商业世界中，企业要想脱颖而出，就必须具备一定的竞争优势。这就需要通过有效的营销策略来实现。营销是企业在市场中实现目标的手段，它通过对市场的调查、分析，制定出合适的产品定位、价格策略、促销策略等，从而帮助企业在竞争中占得先机。

此外，市场和营销之间还存在着互动关系。市场的变化会直接影响企业的营销策略，而企业的营销活动也会反过来影响市场的格局。例如，当市场上出现了新的竞争对手或者消费者需求发生变化时，企业需要及时调整自己的营销策略，以适应市场的变化。同时，企业在市场中的成功案例和口碑也会吸引更多的消费者关注和购买，从而进一步扩大市场份额。

一些营销的底层逻辑会在下一章讲解。这一章的最后，我们一起来看一下广泛被使用的4P理论。

"4P"，全称为产品（Product）、渠道（Place）、定价（Price）和促销（Promotion），是一个被广泛应用于市场营销领域的概念。

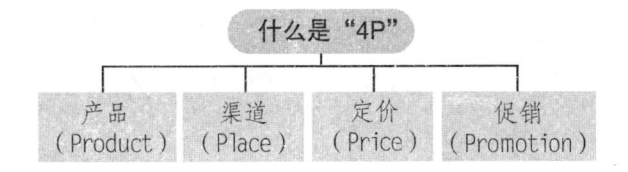

什么是"4P"
- 产品（Product）
- 渠道（Place）
- 定价（Price）
- 促销（Promotion）

首先，我们来看一下第一个"P"——产品。

在市场营销的广阔领域中，产品的概念并不仅仅局限于实物或者服务。实际上，它的内涵更为丰富和深远，它涵盖了公司向消费者提供的所有满足其需求的元素。这些元素包括但不限于产品的功能性、品质、设计以及包装等各个方面。

产品的功能性是最基本的要求，它是指产品能否有效地解决消费者的问题或满足他们的需求。一个优秀的产品，必须能够在功能上做到准确无误，才能赢得消费者的青睐。

品质则是产品的另一重要属性。一个产品的品质不仅体现在其耐用性、可靠性等方面，更体现在其对环境的影响、对用户健康的影响等方面。一个好的产品，不仅要有优良的性能，更要有良好的

环保性和健康性。

设计是产品的外在表现，它包括了产品的外观、色彩、形状等各个方面。一个吸引人的设计，可以让消费者在使用产品的同时，也能感受到艺术的魅力和美的享受。

包装则是产品的附加值，好的包装不仅可以保护产品，还可以提升产品的形象，增加产品的附加值。一个好的包装，可以让产品在众多商品中脱颖而出，吸引消费者的注意。

我们继续看第二个"P"——渠道。

渠道，简而言之，是指产品从制造商到消费者之间的流通路径。这个过程中涵盖了所有可能的分销途径，包括实体店销售、电子商务平台、直销等方式。有效的渠道管理，其核心在于确保产品能够在正确的时间、正确的地点以合理的价格出售给消费者，从而满足他们的需求并实现商业价值。

在更具体的细节中，渠道可以被划分为多个层次，包括一级和二级渠道。一级渠道通常指的是制造商直接向消费者销售的方式，例如通过自有的实体店或者官方网站。这种方式的优势在于能够直接控制产品的质量和定价策略，同时也能提供更加个性化的服务。

而二级渠道则是在一级渠道的基础上，通过中间商或者经销商进行销售。这种方式的优点在于可以扩大产品的市场覆盖范围，同时减轻制造商自身的运营压力。然而，这也带来了一些挑战，如需要管理和协调更多的合作伙伴，以及可能出现的价格竞争和利润压缩等问题。

电子商务平台则是一种新兴的渠道形式，它通过互联网技术将产品直接销售给最终消费者，大大简化了供应链流程。这种模式的优势在于可以突破地域限制，实现全天候的销售服务，同时也能够收集到大量的消费者数据，为产品优化和市场决策提供支持。

最后，直销也是一种常见的渠道模式，它通过销售人员直接与消费者进行交流和销售，提供了一种更为亲密和个性化的购物体验。但是，直销也有其挑战，如需要投入大量的人力物力资源，以及需要建立和维护良好的客户关系等。

我们继续来看第三个"P"——定价。

定价是市场营销策略中至关重要的一环，它涉及如何合理地确定产品的价格，以满足公司的盈利目标。在制定定价策略时，需要综合考虑市场竞争状况和消费者的购买力。一个合理的定价策略能够提升产品的市场竞争力，从而吸引更多的消费者选择购买。

首先，定价策略要充分考虑市场竞争状况。了解竞争对手的产品定价、市场份额以及消费者对不同品牌的认知和偏好，可以帮助企业确定一个有竞争力的价格区间。如果企业的产品在市场上具有较高的独特性或附加值，可以适当提高价格，以体现产品的价值和品质。相反，如果市场上存在激烈的价格竞争，企业可能需要采取更具竞争力的定价策略来吸引消费者。

其次，定价策略也要考虑消费者的购买力。消费者通常会根据产品的价格来判断其价值，因此企业在制定定价策略时要确保所定价格符合消费者的预期。过高的价格可能导致消费者望而却步，而过低的价格则可能使企业无法实现盈利目标。因此，企业需要在保证产品质量的前提下，寻找到一个能够平衡成本、利润和市场需求的价格点。

此外，一个合理的定价策略还能够提升产品的市场竞争力。通过灵活运用各种定价策略，如差异化定价、捆绑销售、动态定价

等，企业可以更好地满足不同消费者群体的需求，提高产品的吸引力。同时，定价策略还可以帮助企业在市场中树立品牌形象，塑造产品的独特卖点，从而在激烈的市场竞争中脱颖而出。

最后，我们来看第四个"P"——促销。

促销是一种旨在刺激消费者购买产品或服务的策略。它可以通过各种形式的广告、公关活动和销售促进等方式来实现。在当今竞争激烈的市场环境中，有效的促销策略对于公司来说至关重要，因为它可以帮助企业增强与消费者的互动，提高产品的知名度和购买率。

一、促销可以采取多种形式的广告手段，如电视广告、广播广告、户外广告、网络广告等，通过各种渠道向广大消费者传递产品或服务的信息。这些广告形式能够迅速吸引消费者的注意力，引起他们的兴趣并激发他们的购买欲望。同时，随着科技的不断进步，新媒体平台如社交媒体、搜索引擎等也成为推广的重要渠道。通过精准定位目标受众，企业可以将广告内容传达给最有可能产生购买行为的消费者，从而提高转化率。

二、公关活动也是促销策略中不可或缺的一环。通过组织各类活动，如新品发布会、品牌合作活动、慈善捐赠等，企业可以提升品牌形象和口碑。这些活动不仅可以增加媒体曝光度，吸引更多潜在消费者的关注，还可以加强与现有客户的联系和客户忠诚度。此外，公关活动还可以作为企业与社会的纽带，传递企业的社会责任和价值观，树立良好的企业形象。

三、销售促进是促销策略的核心部分之一。通过提供各种优惠和折扣、赠品、礼品卡等激励措施，企业可以吸引消费者下单购买。这些促销活动不仅可以促使消费者尽快决策购买，还可以增加购买频次和客单价。同时，销售促进还可以结合会员制度、积分兑换等方式进行，让消费者感受到更多的价值和归属感。

本章的最后，希望你能记住：

> 不要为了市场而市场，市场的目的是为了营销。

第五章
营销的底层逻辑

产品为什么需要营销

如果我向你介绍一款手机,这款手机拥有市面上所有手机的功能,而且价格非常实惠。然而,令人遗憾的是,这款手机并没有被广泛宣传,没有人知道它的存在。在这种情况下,你会选择购买这款手机吗?

如果你回答"会",那么请先回去面壁一下。同时,建议你在手机上下载一款国家反诈中心的 App,以防人财两空。

如果你回答"不会",那么你已经意识到了一个重要的问题:产品需要营销的原因是什么?最直接的答案就是为了让更多的人了解这款产品,从而建立用户对产品的信任度。

可以说,营销是产品成功的关键因素之一。在竞争激烈的市场环境中,如果一个产品没有有效的营销策略,就很难成功吸引消费者的注意力。

在当今的商业世界中,产品的成功与否往往取决于其在市场上的表现和销售情况。而要实现这一目标,营销策略的制定和执行至关重要。营销不仅仅是简单地推销产品,更是通过深入了解目标市场、消费者需求和竞争对手的情况,制订出切实可行的推广计划。只有具备有效的营销策略,才能将产品的优势和特点准确传递给潜在消费者,从而引起他们的兴趣和购买欲望。

在竞争激烈的市场环境中，众多品牌争相推出新产品，消费者面临着众多的选择。如果没有一套有效的营销策略，产品很难从众多的竞品中脱颖而出。有效的营销策略可以帮助企业建立独特的品牌形象，塑造产品的价值，并通过各种渠道进行传递。

比如，通过广告宣传、促销活动、线上线下渠道的组合等方式，吸引消费者的眼球，提高产品的知名度和美誉度。同时，营销策略还可以帮助企业了解市场需求的变化趋势，及时调整产品的定位和差异化竞争策略，以满足消费者的需求。

除了吸引消费者的注意力外，有效的营销策略还能为企业带来可观的销售业绩。通过精准定位目标消费群体，实施针对性的推广活动，企业可以更好地满足消费者的需求，提高产品的销售量和市场份额。同时，通过建立良好的客户关系管理系统，保持与消费者的持续沟通和互动，企业可以增强消费者的忠诚度，促使他们成为品牌的忠实拥趸，为产品的长期发展打下坚实的基础。

然而，想要制定一套成功的营销策略并非易事。它需要企业对市场进行深入的研究和分析，了解目标消费者的特点和偏好；同时还需要对竞争对手进行全面的分析，找到自己的差异化竞争优势；此外，还需要不断关注市场的变化和新兴趋势，及时调整营销策略以适应市场的发展。只有在不断的学习和创新中，企业才能在激烈的市场竞争中脱颖而出，实现产品的成功。

因此，无论是初创企业还是成熟企业，都应该重视营销策略的制定和执行。只有通过科学的营销手段和创新的思维模式，才能让产品在市场中占据一席之地，赢得消费者的认可和支持，从而实现企业的长期发展和可持续盈利。

迄今为止，相信很多80、90后的朋友对脑白金这一款产品印象深刻，毋庸置疑，脑白金的营销是商业史上的一个奇迹。那句"今年过节不收礼，收礼只收脑白金"脍炙人口的广告宣传语更是在我们童年时期的脑海中不断回旋。

首先，脑白金营销团队在市场调研阶段就做了大量的工作，深入了解目标消费群体的需求和偏好。他们发现，随着人们生活节奏的加快和工作压力的增加，很多人出现了记忆力下降、注意力不集中等问题。于是，他们决定将脑白金定位为一款能够改善大脑功能、提高学习和工作效率的产品。

其次，脑白金营销团队精心设计了广告宣传策略。他们利用各种媒体渠道，如电视、报纸、网络等，广泛传播脑白金的优势和功效。同时，他们还邀请了一些知名人士作为脑白金的形象代言人，通过他们的口碑效应来吸引更多消费者的关注。这些广告宣传不仅突出了脑白金的功能特点，还强调了它对个人成长和事业发展的重要性，从而激发了消费者的购买欲望。

再次，脑白金营销团队还采取了一系列的促销活动来刺激销售。他们组织了各种形式的抽奖活动、优惠促销等，让消费者享受到更多的实惠和福利。这种积极的销售策略不仅增加了产品的销售量，还提高了消费者对品牌的忠诚度和口碑。

最后，脑白金营销团队注重与消费者的互动和沟通。他们建立了一个专业的客户服务团队，及时回应消费者的问题和需求。同时，他们还通过社交媒体平台与消费者进行互动，倾听他们的意见和建议，不断改进产品和服务。这种积极的客户关系管理策略不仅增强了消费者对品牌的认同感，也为未来的市场拓展奠定了坚实的基础。

脑白金营销案例充分展示了一个成功的营销战略所需要的关键

要素：深入了解目标消费群体、精心策划广告宣传、采取有效的促销策略以及积极与客户互动。这些因素共同促成了脑白金在市场上的辉煌成就，也为我们提供了宝贵的经验和启示。

营销活动在提高产品知名度和美誉度方面发挥着至关重要的作用。通过与知名明星代言人的合作，企业可以借助名人效应来提升产品的曝光率和关注度，从而扩大产品的市场影响力。这种合作不仅能够吸引更多消费者的关注，还能够为品牌树立一个积极向上的形象，进一步增加产品的知名度。

除了与明星代言人合作外，参与公益活动也是企业提升产品知名度的有效途径之一。通过积极参与社会公益事业，企业不仅可以展示其社会责任感，还能够赢得公众的认可和支持。公益活动的举办往往能够引起媒体的关注和报道，进一步扩大产品的影响力和知名度。同时，参与公益活动也有助于塑造企业的良好形象，增强消费者对品牌的好感度和信任感。

而良好的口碑和用户评价则是提高产品美誉度的关键因素之一。当消费者对产品持有积极的评价时，他们更愿意向身边的人推荐该产品，形成口碑传播效应。良好的口碑不仅能够增加潜在消费者的购买意愿，还能够为企业带来更多的回头客和忠实粉丝。因此，企业应该重视用户的反馈意见，并及时改进产品和服务，以提升用户的满意度和忠诚度。

什么是好的营销

现在的你,已经知道了营销的重要性,或许已经跃跃欲试要为公司的新产品或老产品制定相应的营销策略。但是,请先不要着急,营销也有好的营销与坏的营销。

我们首先来看一下什么是坏的营销。

有一款手机,它具备强大而独特的功能,除了几乎包含了市面上所有手机的功能外,还能够实现与三体星人的联系。请问,你会有兴趣购买这款手机吗?

如果你在听到这个介绍后立刻转身掉头就走,那么恭喜你,你是一个理智且正常的人。在这个充满各种诱惑和虚假宣传的社会中,你能够保持冷静的头脑,不被表面的华丽所迷惑,这是一个非常难得的品质。

而如果你仍然对这款手机感兴趣,甚至想要购买它,那么你可能是一个非常有想象力和创造力的人。你的思维不受现实世界的限制,总是能够在科幻的世界中寻找到无限的可能。或许,你并不适合在商业的世界中遨游,而是应该在文学、艺术或者其他创意领域大展拳脚,发挥你的无限潜能。

简单来讲,上面的例子之所以是坏的营销,是因为涉及了虚假宣传。除此之外,坏的营销可能包括误导性的广告。这种类型的营

销策略通常涉及夸大产品的功能或效果，或者隐瞒产品的潜在问题和限制。这种误导性的广告可能会误导消费者，导致他们做出基于错误信息的购买决策。

过度销售也是一种坏的营销。一些商家可能会使用高压销售策略，如频繁的电话骚扰、无理的推销行为，甚至威胁消费者如果不立即购买就会失去优惠等。这种过度的销售压力可能会让消费者感到不舒服，甚至可能会导致他们产生逆反心理。

侵犯消费者隐私的行为也是一种坏的营销。例如，一些商家可能会未经消费者同意就收集和使用他们的个人信息，甚至在未经消费者明确同意的情况下将他们的信息出售给第三方。这种行为不仅侵犯了消费者的隐私权，也降低了消费者对商家的信任度。

除了以上这些，过度炒作、侵犯他人肖像权、恶意抹黑竞争对手等，都属于坏的营销。

那么，什么又是好的营销呢？

首先，好的营销策略应该具备明确的目标。企业需要清楚地知道自己想要实现什么样的目标，例如提高品牌知名度、增加销售额或者扩大市场份额等。只有明确了目标，才能有针对性地制定相应的营销策略，确保资源的合理分配和最大化的利用。

其次，好的营销策略应该注重挖掘和满足客户的需求。了解客户的需求是营销的核心，只有真正站在客户的角度思考问题，才能够提供符合他们期望的产品或服务。通过市场调研、用户反馈等方式，不断优化产品和服务，以满足客户的个性化需求，提升客户满意度和忠诚度。

再次，好的营销策略还应该善于运用创新手段和渠道。随着科技的发展和社会的进步，传统的营销方式已经逐渐失去效果。因此，企业需要紧跟时代的步伐，积极探索新的营销手段和渠道，如社交媒体、移动互联网等。通过创新的方式，将产品或服务推向更广泛的受众群体，提高曝光度和影响力。

最后，好的营销策略还应该注重长期的规划和执行。市场营销是一个持续的过程，企业需要有耐心和毅力去坚持执行营销计划。同时，也需要不断总结经验教训，及时调整策略，以适应市场的变化和竞争的挑战。只有经过不断的努力和积累，才能取得持久的市场竞争优势。

好的营销，就是让人一抬头，就能看到那轮明月，进而联想到故乡。

当人们谈论购买家具时，大多数人可能会立刻想到宜家。宜家的营销可谓是独树一帜。

宜家，这个全球知名的家居品牌，以其独特的商业模式和营销策略，成功地在全球范围内吸引了大量的消费者。这个品牌的成功在很大程度上归功于其"自我组装"的家具设计，这一创新的设计使得消费者可以在家中自行组装家具，这不仅大大降低了消费者的购买成本，也有效地降低了购买过程中的风险。

这种"自我组装"的家具设计，不仅提供了更加便捷的购物体验，也在一定程度上提升了消费者的参与感和满足感。消费者可以根据自己的需求和喜好，选择不同的家具部件，按照说明书一步步组装，最终得到独一无二的家具。这种过程既富有挑战性，又充满了乐趣，使得消费者在享受购物的同时，也能够体验到亲手制作家具的乐趣。

此外，宜家还通过精心设计的店铺布局和高效的物流系统，为消费者提供了不同的购物体验。它的店铺布局总是能够让人感到舒

适和宽敞，使得消费者在购物的同时，也能够享受到一种轻松愉快的氛围。而其高效的物流系统，则保证了商品的快速配送和安装服务，使得消费者无须担心家具的安装问题，只需等待家中的家具慢慢变成自己心中的理想模样。

在提到产品发布会时，大多数人会立刻想到苹果公司。

苹果手机每年的发布会都备受瞩目，因为它不仅代表着科技的进步，还反映了消费者的需求和市场的发展趋势。在发布会上，苹果公司会详细介绍新产品的特点、功能和设计理念，以及它们如何满足用户的需求。此外，发布会还会展示苹果手机的创新精神和对用户体验的关注。

苹果手机的发布会通常在全球范围内同步进行，通过网络直播或录播的形式让更多的观众可以观看。这使得苹果公司的产品和技术能够迅速传播到世界各地，吸引更多的用户和潜在合作伙伴。同时，发布会也是苹果公司与媒体、分析师和粉丝互动的重要场合，有助于公司了解市场反馈和收集意见，为未来的产品改进和发展提供参考。

简而言之，好的营销策略旨在为消费者留下深刻而独特的印象。这种印象不仅令人难以忘怀，而且具有积极的意义，使人们在想到某个特定概念时，自然而然地将其与品牌联系起来。这种印象并不是负面的联想，而是让人们在想起某个概念时，自然地将其与优秀品牌联系在一起。这种印象是积极的、愉悦的，甚至可能激发人们的好奇心和购买欲望。因此，好的营销策略应该努力创造这种深刻而独特的印象，从而提升品牌知名度和美誉度。

如何找到你的目标用户

假如你此刻手中拿着一把梳子，而你要把它卖给一个和尚，你会如何做呢？

或许在这一刻，你的思维中会立即浮现出一本书《把信送给加西亚》，或者是那些年我们曾经听过的营销案例"把梳子卖给和尚"。这些故事和案例可能会在你的脑海中引发一些灵感和想法。

然而，在你决定向和尚推销这把梳子之前，你是否深思熟虑过，这位和尚是否真的适合作为你的目标用户呢？为什么你一定要将这把梳子卖给和尚呢？难道就不能将这把梳子卖给其他有头发的人吗？

或许你会认为，和尚是一个特殊的人群，他们的生活方式和需求与其他人群有所不同，因此需要特别定制的产品来满足他们的需求。但是，在做出这样的决策之前，你是否已经进行了足够的市场调研和用户分析，以确保你的产品能够满足和尚的实际需求呢？

如果你对和尚这个群体的特点和需求不够了解，或者没有进行充分的市场调研和用户分析，那么将梳子卖给和尚可能并不是一个明智的选择。

因此，在任何营销策略实施之前，你都要先搞明白，谁才是你的目标用户。或许这个世界上真的有能力超强的人，可以让和尚心

甘情愿地为梳子付钱。但你有没有想过，同样的精力与时间成本，把梳子卖给有头发的人与把梳子卖给和尚相比，哪个更容易些呢？哪个能更快打开市场呢？

你的目标是为了将梳子卖给和尚还是为企业带来更多效益呢？

因为目标用户定位错误而导致失败的例子在我们身边也随处可见。

比如，有一家电子产品公司，他们决定开发一款面向年轻人的智能手机。然而，他们在确定目标用户时，却错误地将主要的目标市场定位为中老年人群体。结果，这款手机的设计和功能并未成功吸引到年轻人的注意，销售情况远远低于预期。

再比如，有一家餐厅，他们在开业初期，为了吸引更多的顾客，决定提供免费的早餐服务。然而，他们忽视了一个重要的事实，那就是他们的菜品并不适合早餐。结果，尽管吸引了大量的顾客，但大部分人在品尝过他们的菜品后，都选择离开。因为这家餐厅没有正确地了解和满足他们的目标用户的需求，最终导致了业务的失败。

当我们开始寻找目标用户的时候，可能会因为不得要领而找到一些伪目标用户。

比如，我们会给用户简单打上标签，这种方式在许多行业中都有应用，比如在银行业务中，会将客户分为优质客户和普通客户。这种分类的方式是通过给客户提供不同的标签来实现的。然而，这种分类方式并不总是准确的。比如，在上述的例子中，我们可能会认为消费意愿高的人就是"大款"，而忽视了那些虽然消费意愿不高，但是愿意支付的用户。这就涉及了一个重要的问题：我们的用户细分是否准确？如果我们只关注消费意愿，而忽略了支付意愿，那么我们就可能会产生自欺欺人的情况。

还有一种错误的方式就是把"用户画像"当作用户细分。

用户画像是对用户的综合描述，包括他们的个人信息、行为习惯、需求偏好等。而用户细分则是根据用户的不同特征进行划分，以便于更好地理解和满足他们的需求。虽然用户画像和用户细分有一定的关联性，但它们并不是同一回事。

用户画像强调的是整体性和综合性，它试图通过收集和分析大量的用户数据来揭示用户的特征和行为模式。这种全面而深入的了解可以帮助企业更好地了解用户需求，优化产品和服务，提高用户体验。然而，用户细分则更加关注个体的差异性，它通过对用户特征的细致划分，将用户划分为不同的群体或细分市场，以便更有针对性地开展营销活动和提供个性化的服务。

因此，将用户画像当作用户细分是一种错误的认识。虽然两者都对用户进行分析和理解，但它们的侧重点和目的不同。用户画像更注重于整体性和综合性，而用户细分则更注重于个体的差异性和市场细分。只有正确理解和应用这两者的概念，才能更好地满足用户的需求，提升企业的竞争力。

实际上，用户细分并不是"切分"用户，而是"切分"用户的需求。在商业世界中，理解并满足消费者的需求是至关重要的。只有深入理解了消费者的需求，我们才能提供真正符合他们需求的产品和服务。这就需要我们对消费者进行细分，找出他们的差异化需求。

为了更好地满足消费者的需求，我们需要深入了解他们的特点和偏好。通过市场调研、数据分析和用户反馈等手段，我们可以收集关于消费者的详细信息，从而更好地了解他们的需求和期望。基

于这些信息，我们可以将消费者划分为不同的群体或细分市场，每个群体或细分市场都有其独特的需求和特点。

比如，对于年轻一代的消费者，他们更加注重个性化和时尚感，可能更倾向于购买潮流产品和体验式服务；而对于年长的消费者，他们更注重实用性和品质保证，可能更倾向于购买经典款式的产品和有口碑的品牌。因此，针对不同的消费群体，我们可以调整产品设计、营销策略和服务模式，以满足他们的独特需求。

此外，随着科技的发展和社会变革的不断演进，消费者的需求也在不断变化。因此，我们需要保持敏锐的市场洞察力，及时捕捉新的消费需求和趋势。通过持续的市场研究和用户反馈，我们可以不断优化产品和服务，以适应不断变化的市场需求。

要记住，用户细分的目标并不是简单地将用户分成不同的群体，而是要深入了解他们的需求，找出他们的差异化需求，然后提供契合他们需求的产品和服务。这就是用户细分的真正含义。

用户细分实际上是一项战略性的任务，它需要将市场研究、营销咨询以及创新咨询等多种元素融合在一起。然而，所有的这些都需要基于一个特定的商业问题进行。因此，当再次提及"用户细分"这个词时，首先你需要问自己：你背后的商业问题到底是什么？这个问题的答案将决定你应该如何选择和使用相应的工具或方法来进行用户细分。

在实施用户细分的过程中，我们需要深入理解并分析我们的商业问题。这可能涉及对目标市场的研究，了解消费者的需求和行为模式，或者对竞争对手的分析。只有明确了这些问题，我们才能确定我们的用户细分策略应该以何种方式进行。

此外，我们还需要考虑市场环境和行业趋势的影响。假如我们处在一个快速发展的行业中，可能需要采用一种更为灵活的用户细分策略，以便更好地适应市场的变化。反之，如果我们处在一个稳定的市场中，可能会采取一种更为保守的用户细分策略。

总的来说，用户细分是一个复杂的过程，它需要我们深入理解商业问题，考虑市场环境和行业趋势，然后根据这些因素来选择和使用适当的工具和方法。只有这样，才能确保我们的用户细分策略能够有效地解决所面临的商业问题。

如何做好广告

你是否对广告感到厌恶呢？

当你没有自己的公司，或者还没有成为一个公司的负责人时，你可能会有这样的想法。因为那时的你可能会觉得广告是打扰你的工作，或者是干扰你生活的一种方式。你可能会认为广告是一种商业行为，但并不是所有人都能理解和接受这种商业行为。

但是，如果你已经有了自己的公司，或者已经成为一家公司的负责人，你对广告的态度可能就会变得不同了。因为这时的你已经从另一个角度来理解广告了。你会发现，广告其实是一种有效的宣传方式，可以帮助你的公司吸引更多的客户，提高公司的知名度。你甚至可能会去学习一些关于广告的内容，以便更好地理解和运用广告。

简单来讲，广告是一种重要的营销手段，对于企业和个人来说都非常重要。

在制作广告的过程中，首要的任务是明确你的目标受众和你要传达的宣传内容。你需要深入了解受众，包括他们的需求、兴趣和行为模式，以便制作出更具吸引力的广告。同时，你也需要考虑宣传内容，确保它能够准确、生动地传达你想要表达的信息。

然后，你需要选择合适的媒体渠道来传播广告。这包括电视、广播、报纸、杂志、社交媒体等。你应该根据你的目标受众和宣传内容，选择最能触达他们的媒体渠道。

在广告制作过程中，你需要注意创意的吸引力和信息的准确传达。一个好的广告不仅需要有吸引力的设计和创新的想法，还需要能够准确地传达出你想要传达的信息。你需要确保广告能够在第一时间吸引观众的注意力，并且让他们明白你的信息。

此外，你还需要进行定期评估，看看你的广告效果如何。你可以收集反馈信息，了解观众对广告的反应。根据这些反馈，你可以进行调整和优化，以提高广告效果。

同时，你还需要遵守相关的法律法规，确保广告内容的合法性和真实性。任何违法的广告都可能会带来法律问题，损害你的品牌形象。

在商业史上，因为广告而获利的例子数不胜数。

比如，可口可乐。可口可乐的广告一直以来都是广告界的佼佼者。它们不仅在电视、广播等传统媒体上投放广告，还积极利用社交媒体平台进行推广。可口可乐的广告以简洁明快的风格著称，能够迅速吸引人们的注意力并给人留下深刻的印象。无论是经典的"Share a Coke"活动，还是与流行文化结合的创意广告，可口可乐都能够巧妙地传递出品牌的核心价值观和情感共鸣。

其中,"Share a Coke"活动是可口可乐最具代表性的广告活动之一。这个活动鼓励消费者购买一瓶可乐后,在瓶身上贴上一个性化的名字或短语,然后与亲朋好友分享。每个瓶子上的名字都是独一无二的,象征着每个人的独特个性和故事。这一举措不仅增加了产品的吸引力,也拉近了可口可乐与消费者之间的距离。通过这种方式,可口可乐成功地将产品变成了一种社交工具,让人们在享受美味的同时也能与他人建立联系。

除了"Share a Coke"活动,可口可乐还推出过许多其他创意广告活动。比如,它们曾经推出了一款名为"Taste the Feeling"的广告片,通过展示人们品尝可口可乐时的快乐表情和情感交流的场景,传达出品牌的温暖和快乐。这些广告活动不仅吸引了大量消费者的关注,还赢得了广告界和公众的一致好评。

可口可乐的广告策略的成功在于它们深入了解目标受众的需求和情感需求,并通过巧妙的设计和创意的活动与之产生共鸣。这种深入人心的品牌形象为可口可乐在全球范围内赢得了巨大的市场份额和忠诚的消费者群体。

再比如耐克,作为全球最知名的运动品牌之一,耐克的广告一直以来都备受推崇。这些广告不仅以其独特的创意和视觉效果吸引了大众的眼球,更以其鼓舞人心的广告语和激励人心的广告形象,成功地激发了人们对运动的热爱和追求卓越的精神。

耐克的广告不仅仅是产品宣传,更是对一种积极向上的文化和价值观的传播。他们通过广告传达出的"Just Do It"(只管去做)的精神,鼓励人们不畏艰难,勇敢追求自己的梦想。这种精神已经深深地影响了全球数以亿计的人们,使他们在面对生活中的挑战

时，都能保持积极的态度，勇往直前。

此外，耐克的广告还以其深入人心的主题，如"Impossible is Nothing"（没有什么是不可能的）、"Dream Crazy"（疯狂追梦）等，传递出坚持自我、勇于挑战、永不放弃的价值观。这些广告语不仅激发了人们对运动的热情，也引导人们在面对生活中的困难时，始终保持坚韧不拔的精神。

苹果的广告也是比较成功的一个例子，其经典的"Think Different"（非同凡响）广告是苹果广告的代表作之一。这则广告以黑白色调为主，展现了一群年轻人在思考、探索和创造的场景，传达出与众不同、勇于突破的精神。这句广告语简洁而有力，深深地触动了人们的内心，成为苹果品牌形象的重要组成部分。

苹果的广告一直以来都备受关注。他们通过独特的创意和精准的传播策略，成功地塑造了产品的高端形象和独特价值。

你是否注意到，我们上面提到的三家公司，都是在全球范围内享有盛誉的企业。或许你以前有过这样的想法，认为那些规模庞大的公司，因为已经广为人知，所以并不需要投入大量的广告费用。然而，实际情况却恰恰相反。

这些大企业之所以能够成为全球知名的品牌，并非仅仅依赖于它们的名声，而是因为它们在市场中的竞争优势和消费者的认可。正因为如此，它们才会意识到广告的重要性，并愿意投入大量的资金来推广自己的产品和服务。

广告是大企业与消费者之间沟通的重要桥梁。通过广告，企业可以向消费者传递产品的特点、优势和价值，帮助消费者更好地了解和认识自己的品牌。同时，广告也可以传达企业文化、价值观和社会责任等信息，增强消费者对企业的信任感和认同感。

此外，广告还可以帮助大企业应对激烈的市场竞争。在当今的商业环境中，市场竞争激烈，消费者的选择面越来越广。只有通过广告的宣传和推广，企业才能在众多的竞争对手中脱颖而出，吸引消费者的眼球并赢得他们的青睐。

因此，大企业之所以还需要广告投放，并不是因为它们已经广为人知，而是因为广告对于它们的市场地位、品牌形象和消费者认知都具有重要意义。因此，无论是小企业还是大企业，都应该认识到广告的重要性，并合理利用广告手段来提升自身的竞争力和市场表现。

所以，无论是怎样的企业，都需要做广告，也都需要好的广告。

记住，广告不仅仅是一种推广工具，更是一种艺术形式，需要用心去创作和执行。

饥饿营销的是与非

如果你是一名消费者，或许你会极其厌恶"饥饿营销"这个概念。这是因为饥饿营销常常通过限制供应、创造稀缺感来吸引消费者的注意和购买欲望，但这种方式往往会让消费者感到被操控和不公平对待。

然而，若你是一家公司的负责人或老板，你也许就会对"饥饿

营销"有不同的理解。在商业竞争激烈的市场环境中，饥饿营销被视为一种有效的市场推广策略。它能够激发消费者的好奇心和购买欲望，从而促使他们迅速行动起来，增加产品的销售量和知名度。

饥饿营销是一种独特的市场营销策略，其核心理念是通过制造一种紧迫感和独特性，使产品在市场上脱颖而出，引发消费者的兴趣和关注。这种策略的核心在于创造一种稀缺感，让产品的供应量显得有限，从而激发消费者的购买欲望。

饥饿营销通常采用限量发售、限时促销、独家合作等方式，以增加产品的吸引力。限量发售意味着产品数量有限，这使得产品具有稀缺性，从而引发消费者的抢购行为。限时促销则通过设定特定的销售时间，让消费者产生紧迫感，促使他们在规定的时间内完成购买。独家合作则是与某些特定的合作伙伴进行联合推广，这样可以增加产品的知名度和影响力。

饥饿营销的目标是让消费者感受到一种独特的价值和特权感。通过制造稀缺性和紧迫感，产品的独特性和价值被突出显示，使消费者认为拥有该产品是一种特权。这种感觉可以增加他们对产品的渴望和忠诚度，从而提高产品的销售量和市场份额。

当然，饥饿营销也存在一定的风险和挑战。过度使用饥饿营销可能会导致消费者对产品产生质疑和反感，甚至引发负面口碑的传播。因此，公司在实施饥饿营销策略时需要谨慎权衡利弊，确保其符合道德伦理和社会责任的要求。

比如，某知名手机品牌为了提高新品手机的销量，采取了一种非常常见的饥饿营销策略——限量发售。这种策略的核心思想是，消费者只能通过预约购买的方式才能获得新品手机。这一策略无疑是为了制造一种"稀缺感"，从而激发消费者的购买欲望。

然而，这种饥饿营销策略的实际效果却并不如预期。在抢购过程中，很多消费者遇到了网络拥堵、预约失败等问题，这不仅给消费者带来了极大的困扰，也对品牌形象造成了一定的影响。消费者可能会因此对这个品牌产生负面的看法，认为该品牌没有充分考虑到消费者的需求和体验。

此外，由于产能有限，很多消费者最终无法购买到心仪的新品手机。这种情况下，消费者的期待落空，可能会对该品牌的忠诚度产生负面影响。同时，这也可能导致品牌形象受损，因为消费者可能会认为这个品牌没有足够的生产能力来满足市场的需求。

虽然限量发售的饥饿营销策略在一定程度上提高了新品手机的销量，但同时也带来了一系列的问题，包括消费者的不满、品牌形象受损等。因此，对于任何品牌来说，在追求销量的同时，也要充分考虑消费者的需求和体验，以确保品牌形象的稳定和长远发展。

再比如，某知名服装品牌为了提升新季度服装的销售量，决定采取一种限时折扣的策略。这种策略的目的是通过提供短期的大幅度折扣来吸引消费者的注意力和购买欲望。然而，这种方式却引发了一种新的消费现象，那就是消费者陷入了抢购的恶性循环。

在这个循环中，消费者被限时折扣所吸引，他们开始争先恐后地购买新款服装，甚至在没有充分考虑自身需求的情况下就盲目跟风。这种情况在一定程度上破坏了市场的正常秩序，也让消费者在购买时失去了理智。

更糟糕的是，由于价格波动较大，消费者可能会对品牌的信誉产生怀疑。他们可能会怀疑品牌是否真的提供了高质量的产品，或者是否存在其他的不诚实行为。这种情况下，即使消费者最终买到了新款服装，也可能会发现这些服装并不适合自己。

虽然这种限时折扣的策略在一定程度上提高了新款服装的销量，但给消费者带来了不必要的困扰。因此，任何品牌在制定销售策略时，都应该充分考虑消费者的需求和感受，以实现真正的双赢。

第六章
利润的底层逻辑

利润究竟是什么

简单来说，利润的计算方式可以用公式来表达：利润 = 收入 - 成本。这是一个在会计中被广泛接受和使用的简单公式，它揭示了企业盈利的基本逻辑。然而，这只是对利润计算的最基础和最简单的理解，实际上这种理解过于简化了利润的本质和复杂性。

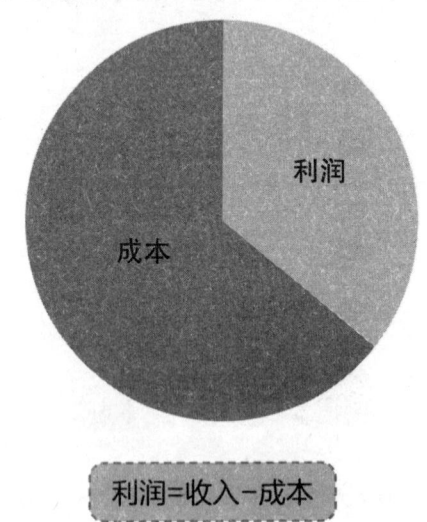

利润=收入-成本

但大部分人对利润的理解在底层逻辑上与之相近，即"收 - 支"。

然而，若是这样理解利润，那未免显得过于粗浅了，也会让我

第六章 利润的底层逻辑

们丢失很多重要的思考维度。

在企业中,所有的常规操作,无论是组织生产、采购和营销,还是日常的管理,都可以由那些拥有固定工资的员工来完成。他们负责执行公司的各种规定和流程,确保企业的正常运转。但是,有一件事必须由企业家本人去做,那就是风险决策。

比如,让我们设想一个专注于生产服装的企业。这个企业拥有一支专业的设计团队,他们不断地创新和研发新的款式,以满足市场的需求和消费者的喜好。然而,尽管他们的设计充满新颖性和独特性,但他们无法预知下一年度的流行趋势。这是因为时尚行业变化无常,受诸多因素的影响,如季节变化、社会事件,甚至是艺术家的作品等。

因此,这家企业面临着一个风险决策:他们应该根据当前的流行趋势设计新的款式,还是冒险创新?如果按照流行趋势设计,虽然可以确保产品短期内的畅销,但也可能面临产品过季后的滞销问题,导致库存积压,占用大量的资金和仓储空间。而如果选择冒险创新,虽然有可能创造出独一无二的产品,吸引消费者的目光,但如果最后的产品并不受市场欢迎,那么这些新产品就可能成为企业的负担。

如果一生产出来,没过几天就被抢购一空,这对于企业来说并不是一件好事。首先,这可能会导致企业过度生产,从而增加了库存压力;其次,如果产品的销售情况过于火爆,可能会引发其他竞争对手的关注,从而引发价格战或者市场份额的争夺。总的来说,这种不确定性不仅会对企业的经营造成困扰,也会给企业的决策者带来巨大的压力。

不知你发现了没有,企业的利润其实与风险有关,这也正应了

那句老话"风险与机遇并存"。

美国经济学家弗兰克·奈特的著作《风险、不确定性与利润》，其中，他提出了一个让很多人意想不到的观点：利润来自不确定性。

奈特将风险分为两种类型。

第一种风险被定义为"风险"，这种风险特指那些已知其概率大小的风险。这些风险可以通过保险来解决，因此不需要企业家自己承担。例如，购买汽车保险可以防止意外事故带来的财产损失，购买健康保险可以减轻生病或受伤的经济负担。这些都是已知概率大小的风险，可以通过保险来分散和转移。

第二种风险被称为"不确定性"，它指的是那些无法准确评估其概率大小的风险，可能是从未出现过的新事物，甚至是现在人们根本无法想象的东西。这种不确定性是企业家存在的理由，也是利润的来源。因为只有面对并接受这种不确定性，企业家才能抓住那些未知的机会，通过创新和冒险来实现更大的利润。例如，开发新的科技产品、进入新的市场、尝试新的商业模式等，都可能带来巨大的收益，但同时也伴随着巨大的不确定性。

在市场竞争的舞台上，尽管我们可以通过各种方式尽可能地预测和分析，但仍然无法做到绝对可预测。因为市场环境是复杂多变的，充满了各种各样的不确定性。这些不确定性可能来自经济政策的变化、科技的进步、消费者需求的转变等。因此，企业家们需要有勇气和决心，敢于在各个方向上进行大胆的探索和尝试。

奈特就是这样一个勇于探索的人。他后来成了经济学的大宗师，他的理论和观点对经济学的发展产生了深远影响。虽然他本人没有获得诺贝尔奖，但他的弟子们在他的指导下取得了巨大的成

第六章 利润的底层逻辑

就。他们中的五个人在各自的研究领域中获得了诺贝尔经济学奖，这足以证明奈特的影响力和他的教学方法的成功。

如果从某一天开始，世界上再也没有不确定性了，那么市场的力量就会迅速把公司利润变成0，企业家就不需要存在，大家都应该拿固定工资。

然而，实际上现在的企业家们面临着巨大的挑战和压力。我们常常看到街头巷尾的餐馆频繁地开张又关闭，真正能够长期盈利并稳定赚钱的却寥寥无几，很多老板可能都陷入了亏损的境地。这是因为稀缺性是赚钱的关键因素之一，但利润往往只出现在你刚刚掌握了某种稀缺资源而其他人还没有跟上的那个时间段。一旦别人跟上了，模仿了你的策略，你就必须重新寻找新的不确定性来保持竞争优势。

在商业世界中，赚钱的生意都离不开不确定性的存在。想象一下，如果你将一大笔钱存入银行，仅仅依靠利息来获得收益，这只能算是"躺着花钱"，而非真正的"躺着赚钱"。即使你购买了几套房产用于出租，也必须面对房产市场的不确定性。房价的波动、政策的变化等因素都可能对你的租金收入产生重大影响。

因此，尽管我们渴望消除不确定性，但在现实中，它却是商业世界不可或缺的一部分。企业家们必须学会适应不确定性，灵活应对市场的变化，才能在激烈的竞争中生存和发展。

在这个世界上，没有一种方式可以保证永远获得利润，也没有一个企业家可以真正地无须付出努力就能轻松赚钱。这是因为商业世界充满了竞争和变化，任何企业都需要不断地适应这些变化，才能保持其竞争力并实现持续的利润增长。

我们需要理解的是，利润并不是一成不变的。它是由许多因素

115

决定的,包括市场需求、产品质量、运营效率等。如果一个企业不能及时适应市场的变化,或者不能提供满足消费者需求的产品和服务,那么它的利润就可能会受到威胁。因此,企业需要不断地进行创新和改进,以保持其在市场上的竞争优势。

即使是最成功的企业家,也不能真正地"躺着赚钱"。他们需要投入大量的时间和精力来管理他们的企业,包括制定战略、管理团队、处理日常运营等。他们也需要不断地寻找新的商业机会,以实现企业的持续发展。即使他们已经取得了很大的成功,他们也不能停止努力,因为只有通过不断的努力,企业才能保持其竞争力并实现更大的利润。

所以,利润其实并没有我们想象的那般简单,真正盈利的企业,是因为它们承担了巨大的风险,在市场的不确定性中找到了机遇,而不是简单的收入减去支出,只要这个差值足够大,就能赚钱了。

公司赚钱了就好吗

让我们来看两个具体的例子。假设现在有两家企业,这两家企业在其他所有因素都保持不变的情况下,它们的经营状况却有着截然不同的结果。

首先,我们来看 A 公司。A 公司在上一年的利润达到了 100

万。从表面上来看，这个数字可能并不高，但是我们需要深入分析其背后的原因。经过仔细研究，我们发现这 100 万的利润都是通过实实在在的努力赚来的。A 公司通过推出新的产品和进行有效的销售活动，成功地吸引了大量的客户，从而实现了高额的利润。

然后，我们再来看 B 公司。B 公司在上一年的利润达到了 500 万。这个数字比 A 公司高得多，让人不禁会认为 B 公司一定比 A 公司经济效益好。然而，如果查看它们的财务报表，就会发现事情并非如此。实际上，B 公司的这 500 万的利润几乎全部都由出租公司原先购买的地产带来的。换句话说，虽然 B 公司的利润看起来很高，但是它们的盈利能力并不强。这是因为它们的收入主要依赖于出租地产，而不是它们的产品或服务。

虽然 B 公司上一年的利润比 A 公司高很多，但其利润质量远远不如 A 公司。

虽然利润的大小在很大程度上决定了一家公司在短期内能够达到的高度，但是真正能够决定这家公司是否有未来，以及未来是否光明的，其实是利润的"可持续性"，也就是利润的质量。

可持续性对于企业估值的重要性不言而喻，在同等条件下，那些利润可持续性高的公司，其未来的发展潜力也更大。这是因为这些公司往往能够在市场竞争中保持稳定的地位，不断积累资本，扩大规模，从而实现利润的持续增长。

然而，想要保持利润长期的稳定和增长，对于任何一家公司来说都是一件非常困难的事情。根据统计数据，在美国的上市公司中，有 48% 的企业能够保持一年的利润增长，而只有 23% 的企业能够保持三年连续利润增长。更令人惊讶的是，能够保持十年以上连续利润增长的企业只占 0.9%。

我们回到本节标题的问题，公司赚钱了就好吗？

相信现在的你，可能有些犹豫，这说不好。

如果我们只是盲目地追求利润，而忽视了利润的质量，那么在未来的市场竞争中，我们可能会遇到很多困难，甚至可能会导致我们的公司变得外强中干。

除了考虑利润质量外，我们也应该考虑公司的其他方面。

根据我们的常识，在商业领域，公司的目标通常是追求盈利和增长。因此，当一家公司取得了丰厚的利润时，我们通常会认为这是一个积极的信号，表明公司的经营策略是成功的。

但是在第一章的内容中，我们探讨了"企业是什么"以及"企业的目的是什么"此类的话题，也能了解到企业的目的不仅仅是赚钱盈利。因此，我们也不能仅仅根据一家公司的盈利能力来评判其整体表现。一个成功的企业应该具备多方面的素质，如创新能力、市场竞争力、客户满意度、员工福利等。这些因素共同决定了企业的长期发展和价值。

创新能力是企业在激烈竞争中脱颖而出的关键。一个具有创新能力的公司只有不断推出新产品和服务，满足市场需求，才能保持竞争优势。因此，在评价公司是否成功时，我们需要关注其在研发和创新方面的投入和成果。

市场竞争力也是衡量企业成功的重要指标。一个具有强大市场竞争力的公司能够在市场中占据有利地位，吸引更多的客户和合作伙伴。这需要公司具备优秀的产品质量、良好的品牌形象以及高效的市场营销策略。

客户满意度是衡量企业经营成果的另一个重要方面。一个成功的企业应该始终关注客户的需求和期望，提供优质的产品和服务，以赢得客户的信任和支持。只有当客户对企业的产品或服务满意时，企业才能实现持续的盈利和发展。

最后，员工福利也是评价企业成功的一个重要因素。一个关爱员工的企业能够吸引和留住优秀的人才，从而提高整体的工作效率和创新能力。因此，在评价公司是否成功时，我们需要关注其在员工培训、福利待遇以及工作环境等方面的投入和改进。

公司赚钱了却倒闭的现象在实际的商业世界中也屡见不鲜。

比如，雷曼兄弟，这是一家全球性的投资银行和金融服务公司，曾在2007~2008年的金融危机中遭受了巨大的打击。尽管在危机爆发前的数个季度里，雷曼兄弟的财务状况看起来相对健康稳定，但由于次贷危机的严重影响，该公司最终不得不在2008年宣布破产。

在2007年之前，雷曼兄弟一直被视为金融界的巨头，其业务范围涵盖了全球各地的投资银行和金融服务领域。然而，随着次贷危机的蔓延，雷曼兄弟陷入了前所未有的困境。

次贷危机源于美国房地产市场的泡沫破裂，导致大量次级抵押贷款违约，引发了金融市场的剧烈震荡。雷曼兄弟作为次级抵押贷款的重要参与者之一，受到了严重的冲击。由于次贷资产的信用风险暴露，市场对雷曼兄弟的信心迅速下降，股价暴跌。

面对金融危机的冲击，雷曼兄弟采取了一系列措施来应对挑战。他们试图通过出售资产、削减成本和寻求外部资金来稳定公司的财务状况。然而，这些努力并没有阻止公司走向破产的边缘。

2008年，雷曼兄弟最终宣布破产，成为金融危机中最具代表性的破产案例之一。这一消息震惊了全球金融市场，也给投资者和债权人带来了巨大的损失。

再比如，巴林银行，这是一家源自英国的老牌投资银行，它在1990年初期曾经取得了巨大的商业成功。这个时期的巴林银行以其稳健的经营策略和专业的投资眼光，赢得了广大客户的信任和市场的认可。然而，历史总是充满了转折，1995年，巴林银行却因为过度借贷和风险管理不当，遭遇了重大的财务危机。

这一年，巴林银行在金融市场上进行了大规模的借贷活动，这无疑增加了其财务风险。同时，由于对市场的误判和风险管理的疏忽，巴林银行未能有效防范金融风险，最终导致了严重的损失。这场危机对巴林银行造成了巨大的打击，使其陷入了前所未有的困境。

面对这样的困境，巴林银行试图通过各种方式进行挽救，但是最终还是无法摆脱被英国政府接管的命运。1995年，英国政府出于保护公众利益和维护金融市场稳定的目的，对巴林银行进行了接管。经过一系列的重组和改革，巴林银行最终在2000年正式关闭。

这些案例表明，即使一家公司在短时间内取得了显著的商业成功和盈利，也不能保证其长期的成功。管理团队的决策、风险管理、财务透明度以及适应市场变化的能力等因素都对公司的长期生存和发展有着重要的影响。

现在，继续让我来问你一个问题：公司赚钱了就好吗？

还真不一定。

这样的思考方式，就对了。

成本可以无限制降低吗

我们经常会听到，当企业遇到困难时，首先想到的就是降低成本。然而，我们需要认识到，降低成本并不是一个无限制的过程。在考虑如何降低成本之前，我们需要深入思考以下几个问题：首先，成本是否可以无限制地降低？其次，如果要降低成本，我们应该从哪些方面着手呢？

在经济学中，成本通常是指生产或购买某种商品或服务所需的费用。然而，在实际运作中，成本的降低并不是没有限制的。

企业降低成本的方式

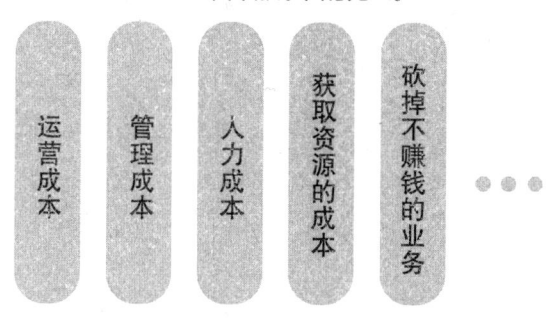

- 运营成本
- 管理成本
- 人力成本
- 获取资源的成本
- 砍掉不赚钱的业务

从理论上讲，如果资源充足且使用效率足够高，那么成本是可以无限降低的。例如，随着科技的进步，新的生产技术和方法的出现，可以大大提高生产效率，从而降低生产成本。此外，通过优化供应链管理、提高物流效率等方式，也可以进一步降低成本。

然而实际上，成本降低是有限制的。一方面，资源的获取和利用需要付出一定的代价。比如，为了获取更便宜的原材料，企业可能需要支付更高的运输成本；为了提高生产效率，企业可能需要投入大量的资金进行设备更新和技术改造。另一方面，过度的降低成本可能会对产品质量产生负面影响。比如，为了降低成本，一些企业可能会使用劣质的原材料，这将直接影响产品的质量。

降低成本也是一个复杂而关键的决策过程。在面对困难时，企业往往会将目光集中在成本控制上，因为减少开支可以缓解财务压力并提高盈利能力。然而，我们必须意识到，成本的降低是有限度的。过度追求成本削减可能会导致产品质量下降、员工福利削减导致员工流失等问题，最终对企业的长期发展产生负面影响。因此，在降低成本的过程中，我们需要谨慎权衡各种因素，确保不会牺牲企业的核心竞争力和可持续发展。

那么，如果要降低成本，我们应该怎么做呢？

首先，要审视企业的运营流程和供应链管理。通过优化流程、提高效率以及寻找更具竞争力的供应商，可以在不降低产品质量的前提下降低成本。此外，还可以通过节约能源、减少浪费以及采用更高效的技术手段来降低生产成本。例如，引入自动化生产线和智能化管理系统可以提高生产效率和质量，从而降低劳动力成本。

其次，除了运营成本外，还要关注企业的营销和销售费用。通过精确的市场定位和有效的市场营销策略，可以吸引更多的目标客户群体，提高销售额，进而降低单位产品的成本。同时，还可以与合作伙伴建立战略合作关系，共享资源和风险，以降低营销和推广成本。

当然，其中最重要的一点是，重视员工的培训和发展，不能因

第六章 利润的底层逻辑

为降低成本而将这一部分的成本毫无下限地降低。通过提供专业的培训和发展机会，我们可以提高员工的技能水平和工作效率，从而降低人力成本。此外，良好的员工福利和激励机制也有助于留住优秀人才，保持企业的稳定发展。

在实际的商业世界中，因降低成本不当而倒闭的具体商业案例非常常见。这些案例通常涉及企业在追求利润最大化的过程中，过度削减成本而导致经营不善或无法持续发展。

一个典型的例子是一家曾经风靡一时的电子产品零售商。为了在市场上保持竞争力，该企业采取了无节制的降低成本策略。大幅削减了员工薪酬和福利待遇，甚至将一些岗位外包给第三方公司以降低人力成本。此外，还对供应链进行了大规模的优化，以寻求更低廉的原材料采购渠道。然而，这些举措并没有带来预期的效果。由于员工士气低落和服务质量下降，消费者对该企业的满意度急剧下降。同时，供应链的不稳定也导致了产品质量问题频发，进一步损害了企业的形象和声誉。最终，这家企业不得不宣布破产倒闭。

另一个例子是一家餐饮连锁企业。为了扩大市场份额，该企业决定在多个城市开设分店。然而，为了降低成本，它们没有充分考虑到每个分店的运营成本和管理需求的差异。结果，每家分店都面临着人员不足、管理混乱等问题。由于无法提供高质量的服务和美味的食物，顾客流失严重。最终，该企业不得不关闭大部分分店，仅保留少数盈利状况较好的门店。这一决策导致了大量的员工失业和企业声誉的严重受损。

这些商业案例反映了无限制降低成本给公司带来的负面影响。在追求经济效益的同时，企业也需要审慎考虑成本控制的方式和限度。过度降低成本可能会导致员工不满、服务质量下降、品牌形象

受损等严重后果，最终对企业的长期发展造成不利影响。因此，企业在制定成本控制策略时应该综合考虑各种因素，确保在提高效益的同时保障企业的可持续发展。

最后，需要强调的是，降低成本并不是我们最终追求的目标，而只是一种实现目标的手段。如果一家企业为了盈利，不得不采取降低成本的策略，甚至将降低成本作为其唯一的目标，那么这样的企业在未来的发展中必定会遇到很大的困难。

降低成本只是企业发展过程中的一种策略，而不是终点。它可以帮助企业在激烈的市场竞争中保持竞争力，但如果我们过于依赖这种方式，那么我们可能会忽视其他更重要的因素，比如产品质量、创新能力、服务水平等。这些因素才是决定企业在竞争中脱颖而出的关键。

因此，我们需要明白，降低成本只是手段，而不是目的。我们应该把降低成本作为一种优化资源配置、提高效率的方式，而不是将其作为唯一的盈利手段。只有这样，我们的企业才能在竞争中立于不败之地，才能拥有更广阔的发展前景。

管理好企业的现金流

很多企业往往忽视了现金流，实际上，现金流远比我们想象的重要，甚至是一家企业未来发展的根基。

在现代经济中，企业的运营和发展离不开充足的现金流。现金流是指企业在一定时期内实际收到的现金和支出的现金之差。它反映了企业的财务状况和经营能力，对企业的生存和发展具有至关重要的影响。

首先，现金流是企业生存的基础。一个企业如果没有足够的现金流来维持日常运营，就难以持续发展。现金流不足可能导致企业无法支付员工工资、购买原材料、支付债务等，甚至可能导致企业破产。因此，企业需要关注现金流的状况，确保有足够的现金来应对各种突发情况。

其次，现金流对企业的投资和发展具有重要意义。企业在扩大规模、提高竞争力的过程中，往往需要大量的资金投入。充足的现金流可以帮助企业进行投资决策，降低投资风险，提高投资收益。同时，良好的现金流状况也有助于企业在市场竞争中保持优势地位，实现可持续发展。

此外，现金流对企业的信誉和形象也具有重要影响。一家长期处于现金流紧张状态的企业，可能会给合作伙伴、客户和投资者带来负面影响，影响企业的信誉和品牌形象。而一家具备良好现金流的企业，则更容易获得市场认可和支持，为企业的发展创造更多机会。

一般来讲，企业之所以出现现金流问题，是因为过度扩张、错误的财务预测、忽视短期负债等。

比如，一家公司为了在财务上获得更低的利率，选择了长期负债。他们可能认为，通过借款来资助公司的运营和扩张，可以获得更低的利息支出，从而降低公司的财务负担。然而，当经济环境突

然恶化时，这家公司可能会面临一系列问题。

首先，由于经济环境的恶化，市场需求减少，公司的销售额可能大幅下降。这意味着公司的收入减少，而长期负债需要支付的利息仍然不变。这可能导致公司面临现金流紧张的问题，无法按时偿还长期负债的本金和利息。

其次，经济环境的恶化可能导致投资者信心下降，股票市场波动加剧。如果这家公司的股票价格下跌，那么股东可能会要求公司提供更多的资金支持，以应对市场风险。这进一步增加了公司的短期债务压力，使其难以应对。

此外，经济环境的恶化还可能导致银行和其他金融机构收紧贷款政策。如果这家公司无法提供足够的抵押物或担保措施，可能无法获得新的贷款来偿还已有的长期负债。这将使公司陷入困境，面临更大的偿债压力。

现实情况中，有一些企业比较幸运，就算出现了现金流问题，只要及时调整，也能度过这场因现金流而引发的危机，但有些企业就没那么幸运了。

美国的安然公司就是一个很好的例子，它曾经是世界上最大的能源公司之一。然而，由于其过度扩张和忽视现金流管理，导致其在2001年破产并退市。因此，我们需要记住，无论企业的规模有多大，都不能忽视现金流管理的重要性。

安然公司的前身是一家石油和天然气勘探开发公司，后来逐渐扩展到了金融、保险和其他行业领域。然而，随着业务的不断扩张，安然公司开始大规模投资高风险的项目，如房地产、金融衍生品等。这些投资项目虽然有望带来高额回报，但也存在着巨大的风险。

不幸的是，安然公司在追求高回报率的同时，却忽视了现金流管理的重要性。他们没有充分考虑投资项目的资金需求和回收周期，也没有建立健全的财务规划和预算控制机制。这导致了公司资金链紧张，无法及时偿还债务和满足日常运营需求。

随着时间的推移，安然公司的财务状况日益恶化。尽管他们采取了一些措施来缓解压力，如出售资产、削减成本等，但已经来不及挽救公司的颓势了。最终，在2001年，安然公司宣布破产并被美国证券交易委员会（SEC）强制退市。

这个案例给我们敲响了警钟，提醒我们在经营企业时不能只关注规模的增长和利润的获取，而忽视现金流管理的重要性。只有建立健全的财务管理体系，合理规划和使用现金流，才能确保企业的长期稳定发展。

因此，无论是大型企业还是中小型企业，都应该重视现金流管理。首先，企业应该制定合理的财务目标和预算计划，确保资金的合理配置和使用；其次，企业应该加强对现金流状况的监控和分析，及时发现问题并采取相应的措施加以解决。此外，企业还可以通过与金融机构合作，寻求融资支持或优化资金结构，以降低资金压力和风险。

有效地管理好企业的现金流，往往也能避免很多危机。

一个典型的例子是，某零售企业能够在经济下行期间成功地保持充足的现金流。尽管市场的竞争压力非常大，但这家企业通过实施精细化管理，严格控制成本，提高库存周转率，以及与供应商建立良好的合作关系等多种方式，有效地实现了现金流的管理。

这家企业的精细化管理体现在每一个细节上，从产品的采购、存储、销售到售后服务，都有一套完善的流程和制度。这种精细的管理方式使得企业在运营过程中能够尽可能地减少浪费，提高效率，从而在保证产品质量的同时，也能够有效地控制成本。

　　此外，该企业还通过提高库存周转率来优化资金流。它通过精确的市场预测和合理的库存策略，确保了产品的有效流通，减少了库存积压和资金占用，从而提高了资金的使用效率。

　　与此同时，该企业还注重与供应商建立良好的合作关系。通过与供应商进行长期、稳定的合作，保证了原材料的稳定供应，降低了供应链的风险，也为企业的资金链提供了保障。

　　这些措施使得企业在市场低迷时期仍能保持稳定的盈利能力，避免了因资金链断裂而导致的危机。这不仅体现了这家企业的战略眼光和执行力，也为其他企业在经济下行期间如何保持充足的现金流提供了宝贵的经验和启示。

　　另一个值得关注的案例是某制造企业在经济周期中实现稳健发展。在行业产能过剩的背景下，该企业通过加大研发投入，不断推出新产品和技术，提高了产品的附加值和竞争力。同时，企业还积极拓展海外市场，降低对国内市场的依赖。通过这些措施，企业在市场波动中保持了充足的现金流，成功避免了潜在的危机。

　　此外，还有一些企业在融资方面展现出了高超的策略。例如，某互联网企业在创业初期就获得了风险投资的支持。在企业发展的过程中，该企业始终与投资者保持良好的沟通，及时披露财务信息，使投资者对其充满信心。在市场环境发生变化时，该企业能够迅速调整融资策略，通过发行债券、股权融资等多种方式筹集资金，确保现金流的稳定。这使得企业在面临挑战时能够顺利渡过难关，继续保持良好的发展势头。

卖贵还是卖多，如何选择

在商业世界中，众多企业赖以生存和发展的基础是它们所提供的产品或服务。这些产品或服务不仅满足了消费者的需求，也为企业带来了利润。虽然一直在强调，企业的目的并不单单是盈利，但不可否认的是，盈利是企业能否维系下去的前提条件之一。

因此，如何合理地给自家企业的产品或服务定价，就成了决定企业能否长久生存下去的一个重要因素。这并非一件简单的事情，需要企业从理解市场需求、竞争对手情况、自身成本等多个方面进行综合考虑。定价过高可能会使消费者望而却步，而定价过低则可能影响企业的盈利。企业需要在保证自身利润的同时，也要考虑消费者的接受程度和市场竞争状况，以此来制定出最合适的价格策略。

产品定价策略的选择是一个复杂且重要的决策。企业需要面对的一个主要问题就是选择高价策略还是低价策略来销售自己的产品。这个问题的答案并非一成不变，而是取决于多种因素的综合考虑。

一般来讲，在定价方面，有两种不同的基本方案，一个是"薄

利多销"，一个是"单品厚利"。这两种方式都很常见，也都被许多企业所应用。

先来看看薄利多销，其核心思想是通过降低单个产品或服务的价格，吸引更多的消费者，从而实现销售额的增长。这种策略在很多成功的商业案例中得到了体现。

以亚马逊为例，这家电商巨头以其丰富的商品种类和低廉的价格而闻名于世。亚马逊的成功在很大程度上归功于其独特的"薄利多销"策略，这使得它在全球范围内成为最大的电商平台之一。尽管在每笔交易中，亚马逊可能无法获得很高的利润，但凭借庞大的销售量，总体来看，其利润仍然是非常可观的。

亚马逊之所以能够在竞争激烈的市场中脱颖而出，是因为其对消费者需求的深刻洞察和满足。通过提供各种类别的商品，从家居用品到电子产品，再到时尚服饰等，亚马逊满足了消费者的多样化需求。同时，亚马逊还注重价格竞争力，力求为消费者提供最具性价比的商品。正是这种对消费者需求的精准把握和持续创新，使亚马逊在市场上取得了巨大的成功。

此外，亚马逊还通过不断优化供应链管理、提高运营效率以及拓展全球市场等方式，实现了规模经济效应。这些举措使得亚马逊能够降低成本、提高利润水平，从而在激烈的市场竞争中保持领先地位。

另一个例子是沃尔玛，作为全球知名的零售巨头，沃尔玛通过大规模采购来降低商品的进货成本，进而以更低的价格销售商品，以此吸引和保留大量的消费者。

沃尔玛的采购策略是一个显著的特点。它们利用其庞大的规模

第六章 利润的底层逻辑

优势,与供应商进行大规模的谈判,以获取更优惠的价格和更优质的产品。这种策略不仅降低了它们的进货成本,也使它们能够以更低的价格销售商品,从而在激烈的市场竞争中占据优势。

其次,沃尔玛提供的一站式购物体验也是它们成功的关键因素之一。无论是食品、家居用品还是电子产品,消费者都可以在沃尔玛找到。这种便利性和多样性使得沃尔玛成为消费者的首选购物地点。

因此,尽管沃尔玛的商品价格较低,但由于其大量的销售量和高效的采购策略,总体来看,其利润仍然非常可观。这也反映了沃尔玛的商业模式的成功之处:通过提供高质量的商品和服务,以及创造一个方便的购物环境,沃尔玛成功地吸引了大量的消费者,从而实现了高额的利润。

那么相反的情况,有没有呢?当然有。

最典型的例子就是奢侈品,尽管很多奢侈品的制作成本也很高,但总的来说,这类商品的特点就是稀缺。奢侈品往往以其独特的设计、精湛的工艺和卓越的品质而闻名于世,因此它们的供应量相对较少,使得它们在市场上显得更加珍贵和稀有。

这种稀缺性使得奢侈品成为一种独特的投资品,吸引了众多收藏家和消费者的关注。人们购买奢侈品不仅仅是为了享受其高品质和独特性,更重要的是追求品牌溢价所带来的价值。品牌溢价是指消费者愿意为某个品牌支付超过其实际产品价值的价格。这种溢价往往是由于品牌的声誉、历史和文化等因素所带来的附加价值。

对于奢侈品制造商来说,品牌溢价是他们实现盈利的重要途径之一。通过较高的销售价格,奢侈品制造商可以在销售过程中获得

更高的利润。此外，品牌溢价还可以帮助奢侈品制造商巩固其市场地位，提高品牌的知名度和美誉度。在竞争激烈的市场中，品牌溢价成为奢侈品制造商与竞争对手区分的关键因素之一。

以上两类相反的例子都是企业在定价时的可选项，但并不是说任何企业都可以随意选择两种方式。

简而言之，企业在决定盈利模式时，需要对其生产的产品或提供的服务进行深入分析。如果产品或服务具有独特性和稀缺性，市场上很难找到与之匹敌的替代品，那么企业可以选择通过提高价格来实现盈利。例如，奢侈品和具有高端科学技术的产品在市场上往往独树一帜，消费者愿意为这些独特且难以复制的产品支付更高的价格。

相反，如果企业生产的产品或提供的服务是市场上常见的，竞争对手众多，那么企业可以选择通过"薄利多销"的方式来实现盈利。这意味着企业可以通过降低产品或服务的价格，吸引更多的消费者，从而实现销售量的增长。这种策略在日常生活用品行业中尤为常见，如食品、饮料、日用品等。通过大量销售低价产品，企业可以在竞争激烈的市场中获得稳定的市场份额和利润。

卖贵 —— 产品具有稀缺性和独特性

产品是常用的，竞争对手多 —— 卖多

第七章
效率的底层逻辑

如何提升企业的效率

无论是对于一家企业还是个人来说，效率都是一个至关重要的因素。在当今竞争激烈的商业环境中，提升企业效率成为每个企业家和管理者的共同目标。那么问题来了，如何有效地提升企业效率呢？

企业是由一个一个的人组成的，因此，个人效率的提升是企业首先要考虑的问题。

自我驱动是提高个人效率的最佳途径，因为成长是每个人都需要面对和参与的事情。以淘宝为例，它的内部有一个名为"赛马会"的机制。员工如果想要获得晋升的机会，他们可以在年初主动报名参加这个活动。那些没有报名的员工则无法获得晋升的机会。但是，如果一个员工决定连升两级，他可以报名并按照两级的标准来要求自己。这就像一场赛马比赛，员工自愿参加，只有最强大的人才能够胜出。

除了依靠自我驱动外，我们还要有自我约束的能力。例如，阿里巴巴的员工如果加班，就可以免费享用晚餐。在过去，员工想要申请吃加班工作餐需要先打报告，然后由主管进行审批并发给他们餐券，员工才能领取餐券去吃饭。考虑到这一流程中消耗了大量人

第七章　效率的底层逻辑

工成本，阿里巴巴决定取消加班工作餐的审批制度，完全依靠员工的自觉性。结果在公司年底审计时发现，虽然全年消耗的加班餐费比之前稍微有所增加，但如果算一算节省的人工成本，取消审批制度的决策反而提高了公司的效率。

其次是组织效率的提升。在互联网时代，要提升组织效率，需要实现四个"在线"。那么，什么是"在线"呢？我们可以从PC时代和移动互联网时代的差异来理解这个概念。

在PC时代，人机是分离的，人们使用电脑进行工作和学习，而手机主要作为通信工具。然而，在移动互联网时代，人们的活动范围已经大大扩展，手机成为人们生活中不可或缺的一部分。无论身处何地，只要有网络连接，人们就可以随时随地通过手机进行工作和娱乐。因此，每个人都可以实时"在线"，这就是所谓的"在线"。

四个"在线"依次是：员工在线、产品在线、客户在线和管理在线。员工在线指的是每个员工都可以通过手机进行工作；产品在线意味着公司的产品库已经转移到了手机上，员工可以随时接触到这些产品；客户在线则表示每个员工都可以与客户进行实时交流；管理在线则是指公司的管理层可以通过手机对员工的行为进行监控和管理。

什么是在线

员工在线 → 产品在线 → 客户在线 → 管理在线

以母婴电商平台"孩子王"为例，该公司就很好地利用了这四个"在线"来提升组织效率。首先，孩子王的每一个员工都用手机辅助工作，实现了员工在线。通过手机，每个员工都可以接触到有

七千种商品的庞大产品库,实现了产品在线。当员工每接触一个客户时,都会把他们发展成电子会员,拉入自己建立的对话群,实现了客户在线。此外,在所有员工创建的对话群里都有每个分店的店长,这意味着员工不能在群里和客户乱说,或者销售不是孩子王的产品,这就实现了管理在线。通过做到这四个"在线",孩子王的组织效率得到了很大的提升。

再者是资产效率的提升。提高资产效率主要有两种策略:一种是防止产生新的闲置资源,另一种是释放已经存在的闲置资源。那么,如何实施这两种策略呢?

在以往,我们的生产和消费模式往往是先生产出产品,然后再去寻找消费者。这样的模式往往会导致大量的产品无法销售出去,形成所谓的"闲置资源"。然而,随着社会的发展和技术的进步,我们已经有了新的方式来解决这个问题。

现在,我们采用的是按需定制的模式。这种方式是先有消费者的需求,然后根据需求来生产和制造产品。这样,就不会出现大量闲置的产品,因为产品是根据需求来生产的,而不是根据生产能力决定的,这就是所谓的"零库存"。

在讨论如何释放闲置资源时,我们必须提及一个非常具有创新性的概念——分享经济。分享经济是一种新兴的经济模式,它的核心理念就是通过共享和交换闲置的资源,以提高资源的利用效率并降低成本。

以滴滴打车为例,这是一种典型的分享经济模式。在传统的出租车行业中,车辆和司机在一天中的大部分时间里都是处于闲置状态的。然而,通过滴滴打车这样的平台,这些原本闲置的资源得到了充分的利用。车主可以将他们的车辆空闲时间出租给需要用车的人，而司机则可以在空余的时间接单赚钱。这样，不仅提高了资源的利用效率，也降低了社会的成本。

最后是战略效率的提升。卫哲的观点非常独特，他认为很多人在听到"战略"这个词时，首先想到的就是"发展规模"。他们普遍认为，一个公司必须达到一定的规模才能称之为成功。然而，这并非绝对。并不是所有的公司都需要将战略目标定位在全国范围，规模并不一定能够带来效率的提升。

比如，以外卖平台为例。用户使用外卖平台的主要目的是查看自己周围的3平方公里内有哪些美食可供选择。如果你的平台在全国范围内拥有一百万家餐厅，但与用户的实际需求并无太大关联，那么这样的规模对提升效率并没有太大帮助。

因此，企业家们必须谨慎选择他们的发展战略。首先应该从较小的市场范围开始，逐步构建和提升自己的产品，同时积累宝贵的经验并建立强大的品牌影响力。这是一个重要的步骤，因为只有在这种基础上，企业家们才能够考虑将他们的业务扩展到其他地区。这种逐步扩大的策略不仅能提高战略执行的效率，而且还能让公司在激烈的市场竞争中保持优势，从而增加成功的可能性。因此，这种策略对企业家来说是非常有价值的。

在我们普遍的视野范围内，那些大公司也往往都是效率很高的企业。比如特斯拉和阿里巴巴。

特斯拉作为一家领先的电动汽车制造商，其独特的产品设计和高效的生产流程赢得了广泛的赞誉。该公司以其创新的设计和尖端的技术，为汽车行业设立了新的标准。特斯拉的设计理念是"驱动未来"，致力于打造零排放、高效率的电动汽车，以实现可持续的未来交通方式。

特斯拉的生产流程同样引人注目。它们的电池制造工厂采用了全自动生产线，这种先进的生产方式大大提高了生产效率。这种自动化的生产方式不仅减少了人工错误，也使得生产过程更加精确和高效。此外，特斯拉还通过持续改进和优化生产流程，进一步提高了生产效率和产品质量。

阿里巴巴作为中国最大的电商平台，其地位和影响力无可争议，同样也是一家效率很高的企业。它的核心优势在于其高效的在线支付系统和物流网络。这些系统不仅使得交易过程快速便捷，而且大大降低了交易成本，提高了交易效率。无论是买家还是卖家，都能在阿里巴巴平台上享受到前所未有的便利。

此外，阿里巴巴还积极利用大数据和人工智能技术优化供应链管理。通过对海量数据的深度挖掘和分析，阿里巴巴能够精准预测市场趋势，从而做出更为明智的决策。同时，人工智能技术的应用也使得阿里巴巴能够自动化处理大量的数据和信息，进一步提高了工作效率。

池子大了，如何保持与提升效率

如果你对这节内容非常感兴趣，那么恭喜你，因为这恰恰证明了你的公司正在不断壮大。随着公司的规模扩大，你可能开始面临一些新的挑战和问题，其中之一就是如何保持并提升工作效率。

在很多人的观念中，小公司往往更容易保持高效率。这是因为小公司通常组织结构相对简单，决策过程更为迅速，员工之间的沟通也更加直接。然而，随着公司的发展壮大，这种优势可能会逐渐减弱。大公司往往面临着更多的层级、更复杂的组织结构以及更加烦琐的决策流程。这些因素都可能导致工作效率的下降。

在大公司中，保持效率并不是一个容易实现的目标。这并不是说公司不想提高效率，而是现实情况使得提高效率变得非常困难。大公司通常拥有更多的员工和部门，每个部门都有自己的目标和任务。在这种情况下，要想实现整体效率的提升，需要各个部门之间进行紧密的协作和沟通。然而，由于组织架构的复杂性，这种协作和沟通往往会受到一定的阻碍。

优化工作流程是提升效率的关键。在现代企业中，高效的工作流程对提高生产力和竞争力至关重要。因此，企业应当对现有的业务流程进行全面梳理，找出其中的瓶颈和冗余环节，通过精简流程、减少不必要的环节，使工作更加高效顺畅。

首先，全面梳理现有的业务流程是优化工作流程的第一步。通过对每个环节进行仔细分析，可以发现其中存在的问题和改进的空间。这包括对各个环节的执行时间、资源消耗以及人力资源的利用情况等进行全面评估。只有深入了解现有流程的全貌，才能找到需要优化的关键节点。

其次，找出瓶颈和冗余环节是优化工作流程的核心任务之一。在梳理过程中，要特别关注那些导致工作效率低下的环节，如重复操作、信息传递不畅等。针对这些瓶颈和冗余环节，可以采取一系列措施进行改进。比如，可以通过引入自动化系统来替代烦琐的手工操作，或者优化信息传递渠道，减少信息传递的时间和误差。

再次，精简流程和减少不必要的环节是优化工作流程的重要手段。在梳理过程中，要识别出那些可以被简化或合并的环节，以减少资源的浪费和时间的消耗。同时，还要避免过度设计流程，以免增加员工的负担和复杂性。精简流程不仅可以提高工作效率，还能降低运营成本，为企业带来更多的利益。

最后，建立明确的工作标准和流程规范是确保优化工作流程有效实施的关键。每个员工都应该清楚自己的职责和工作要求，按照既定的规则开展工作。同时，企业还应该加强对员工的培训和管理，确保他们能够正确理解和遵守工作流程。只有建立一套完善的工作流程规范，才能保证整个组织的协同运作和高效运转。

提高员工绩效不仅是提升企业效率的重要途径，也是推动企业发展的关键因素。为了实现这一目标，企业需要关注员工的个人发展，并为他们提供各种培训和学习机会。通过这些培训和学习机会，员工可以不断提升自己的专业能力和综合素质，从而更好地适应企业发展的需求。

除了关注员工的个人发展，建立合理的激励机制也是非常重要的。通过激励措施，可以让员工在工作中充分发挥自己的潜能，提高工作效率。激励机制可以包括薪酬福利、晋升机会、奖励制度等方面，旨在激发员工的积极性和创造力，使他们更加投入地工作，为企业创造更大的价值。

此外，加强团队协作和沟通也是提升整体工作效率的关键。一个团结协作的团队能够更好地发挥各自的优势，共同完成任务。因此，企业应当鼓励员工之间的交流与合作，鼓励他们分享经验和资源。同时，建立良好的企业文化氛围也是至关重要的。只有在积极向上、和谐融洽的工作环境中，员工才能够更好地发挥自己的潜力，提升工作效率。

科技手段的引入也是提升工作效率的重要途径。随着科技的不断进步和创新，许多高效的工具和技术被广泛应用于企业中，帮助企业实现更高效的工作方式。办公自动化软件、大数据分析等技术手段的应用，可以大大减少烦琐的重复性劳动，节省时间和精力，从而提高工作效率。同时，云计算和远程办公等技术的运用，使得员工可以在任何地方灵活地完成工作任务，不再受限于传统的办公环境。这种灵活性不仅提高了员工的工作效率，也促进了企业的协作与创新能力。因此，科技手段的引入对提升工作效率具有重要意义，为企业的发展带来了新的机遇与挑战。

效率越高越好吗

显然，当你看到这里时，你可能会对这些非黑即白、两极分化的问题产生更深入的思考。就像我们之前讨论过的那个问题："企业的利润是否越多越好？"答案并不是那么简单。事实上，答案是否定的。如果我们过于追求效率，反而可能会让公司陷入困境。

比起成功的企业，失败的企业往往更值得我们学习和反思。

曾经有一家初创公司，专注于开发一款高速的互联网搜索引擎。该公司的创始人和团队非常注重效率，他们希望尽快将产品推向市场，以抢占市场份额。为了实现这一目标，他们采取了一些极

端措施，如过度压缩开发周期、削减研发预算等。同时，他们也忽视了用户体验和产品质量的重要性，仅仅追求速度和功能。

然而，当这款搜索引擎上线后，用户并没有给予它足够的关注和支持。由于界面设计简陋、搜索结果不准确等问题，用户对其产生了负面评价。此外，竞争对手也迅速推出了更优秀、更具吸引力的搜索引擎产品。这家初创公司由于过分关注效率，而忽视了用户体验和产品质量，最终导致了其业务的失败。

在竞争激烈的互联网行业中，用户体验和产品质量是至关重要的因素。一家成功的公司应该注重用户需求，提供简洁直观的界面设计，确保搜索结果的准确性和可靠性。只有如此，才能赢得用户的信任和支持。

对于这家初创公司来说，其失败教训我们要引起重视。虽然追求高效率是企业发展的动力之一，但不能忽视用户体验和产品质量的重要性。在激烈的市场竞争中，只有不断改进产品和服务质量，满足用户需求，才能保持竞争力并取得长期成功。

曾经也有另外一家初创公司，专注于提供在线购物平台服务。这家公司的创始人认为，通过提高订单处理速度和减少物流成本，他们可以在市场上取得竞争优势。因此，他决定将大部分资源投入到自动化仓储和配送系统中，以实现更高效的订单处理和配送流程。

然而，这种过分关注效率的做法却带来了一系列问题。首先，由于自动化仓储系统需要大量的投资和技术支持，该公司不得不承担高昂的成本；其次，由于过度强调速度和效率，该公司忽视了对产品质量的把控和客户服务的重要性。这导致了一些消费者对产品质量产生了质疑，并引发了投诉和退货率的上升。同时，由于缺乏人力资源的支持，客户服务部门也面临着巨大的压力，无法及时解决客户的问题和需求。

这些问题导致公司的声誉受到了严重损害，越来越多的消费者转向竞争对手的产品，公司销售额大幅下降。最终，由于资金链断裂和市场需求的急剧下降，这家专注于提高效率的公司不得不宣布破产倒闭。

进一步来说，如果一个企业试图在错误的道路上提升效率，那么这种行为将不仅无法给企业带来任何实质性的好处，反而可能会加速企业的衰败。

试图在错误的道路上提升效率可能会导致资源的浪费。企业可能会投入大量的时间和资金来实施一些看似高效的策略，比如，过度依赖自动化设备或者过度简化工作流程等。然而，这些策略可能并没有真正解决企业的痛点，反而会导致工作效率下降。例如，过度依赖自动化设备可能会导致员工的技能退化，而过度简化工作流程可能会使员工的工作变得枯燥无味，从而降低他们的工作积极性。

比如，现在有一家公司，它的主要业务是生产和销售电子产品。然而，这家公司的领导层却错误地认为，通过增加员工的工作时间和提高他们的工作强度，可以有效地提高生产效率。他们认为，员工工作的时间越长，完成的产品就越多，从而提高了公司的利润。

在这点上，无效加班是很多公司都存在的现象，这是一种看上去好像提高了工作效率，为公司带来了利益，但本质上却是一瓶慢性毒药。

无效加班导致的资源浪费是一个严重的问题，它对个人和组织

都带来了许多负面影响。在现代社会中，加班已经成为许多人工作和生活的一部分，然而，这种过度的工作时间往往导致工作效率的下降，资源的浪费以及身心健康的损害。

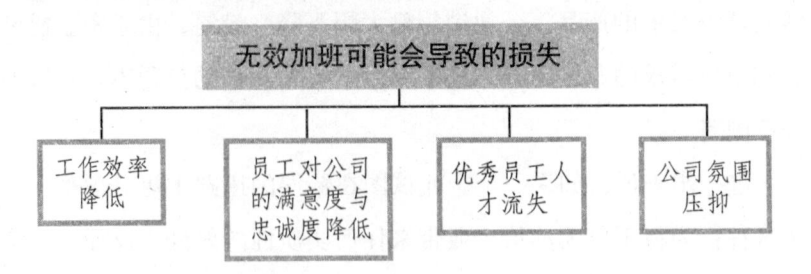

```
        无效加班可能会导致的损失
    ┌──────┬──────────┬──────┬──────┐
  工作效率  员工对公司   优秀员工  公司氛围
   降低    的满意度与   人才流失   压抑
          忠诚度降低
```

首先，无效加班会导致工作效率的下降。长时间工作会让人们感到疲惫不堪，注意力不集中，从而影响工作的质量和效率。研究表明，长时间工作并不能提高生产力，反而会导致错误增多和任务延误。因此，无效加班不仅浪费了员工的时间和精力，反而还降低了整个团队的工作效率。

其次，当员工被迫加班时，他们可能需要额外的资源来完成工作任务，例如更多的办公设备、办公用品或者额外的人力支持。然而，由于加班并非必要条件，这些额外资源并没有得到充分利用。这不仅增加了公司的运营成本，还可能导致资源的闲置和浪费。

此外，无效加班还会对员工的身心健康造成损害。长时间工作会使人们缺乏休息和娱乐时间，容易导致身体疲劳、精神压力过大以及出现心理问题。这些问题不仅会影响员工的工作表现，还可能对其家庭生活和社交关系产生负面影响。因此，无效加班不仅是一种资源浪费，也是对员工健康的一种伤害。

现代管理学之父德鲁克认为，提高效率就是要把事情做对。

显然，适度加班在某些情况下是必要的。这通常发生在项目截止日期临近或者工作任务繁重的情况下。适度加班可以帮助员工提高工作效率，确保任务按时完成。然而，过度加班可能会对员工的身心健康产生负面影响，从而影响到他们的工作表现和整体生产力。

没有必要的加班无疑是在错误的道路上疾驰。当企业过分强调加班文化时，员工可能会感到压力过大，导致工作效率下降，甚至出现职业倦怠。在这种情况下，由于员工的士气低落，工作效率降低等问题，就会加快员工往外跑的速度，也会加快企业的衰败速度。

跑得越快，企业衰败得越快。这句话意味着，如果企业在追求快速发展的过程中忽视了员工的福利和健康，那么这种发展是不可持续的。一个成功的企业应该关注员工的满意度和忠诚度，通过提供良好的工作环境、合理的薪酬待遇和足够的休息时间来吸引和留住人才。只有这样，企业才能在竞争激烈的市场中立于不败之地。

工欲善其事必先利其器

"工欲善其事，必先利其器"，这句话的意思是说，如果我们想要做好一件事，就必须首先准备好必要的工具和资源。这句话同样适用于现代的企业环境，尤其是提升公司效率的问题。

KPI（关键绩效指标）是许多企业在管理过程中常用的一种方

法，通过这种方法可以有效地提升企业的整体运营效率。然而，如果我们进行更深入的探讨：究竟什么是KPI？它与我们最近经常听到的OKR（目标和关键结果）又有何本质性的区别呢？

我们来了解一下KPI的含义。KPI是一种衡量企业或个人在实现特定目标过程中的关键绩效的指标。它可以帮助企业更好地了解员工的工作表现，从而为员工提供明确的工作方向和目标。通过设定合理的KPI，企业可以确保员工在实现业务目标的过程中始终保持高效和专注。

而OKR则是一种更为灵活的目标设定和管理方法。它的核心思想是将企业的战略目标分解为若干个关键结果，然后通过设定这些关键结果来衡量每个团队或个人的工作表现。与KPI相比，OKR更加强调目标的灵活性和可调整性，使得企业在面对不断变化的市场环境时能够更快地做出响应。

从本质区别来看，KPI更注重对员工绩效的量化衡量，而OKR则更注重对目标的明确性和灵活性。KPI通常以具体的数字和指标来衡量员工的绩效，如销售额、客户满意度等，而OKR则更注重设定具有挑战性和吸引力的目标，以便激发员工的积极性和创造力。

其实，无论是KPI还是OKR，从本质上来讲都是差不多的，目的也都是一样的：提升企业效率。

谷歌是一家全球著名公司，也是全球500强。它的OKR方式与其他公司有着明显的区别。

首先，谷歌公司的目标设定策略是公开透明的，每个员工都可以看到公司里其他所有人的目标。这种透明度不仅体现在目标的设定上，也体现在目标的实施和完成上。无论是公司的高级管理人员，如CEO，还是一线的普通员工，他们都可以看到并了解到公司的整体目标以及他们个人的具体目标。这种公开的目标设定方式，使得公司内部的信息流通更加畅通，有利于提高员工的工作效率和工作满意度。

其次，除了自上而下地分解目标外，谷歌公司还允许一小部分目标由员工自己来定。这种方式可以让员工对自己的工作有更多的掌控感，从而更好地进行自我管理。员工可以根据自己的实际情况和能力，设定适合自己的工作目标，这样可以激发员工的工作积极性和创新性，提高员工的工作效率。

最后，谷歌公司不直接考核目标。这是因为谷歌认为，一旦考核，员工与公司之间就开始博弈了。作为员工，他们可能会希望把目标定低一点，这样更容易通过考核。而作为公司的老板，他们当然希望把目标定高一点，这样公司的发展就会更快。因此，谷歌选择不直接考核目标，而是通过其他的方式来评估员工的工作表现和贡献。

为了避免员工与公司之间产生不必要的竞争和猜忌，谷歌采取了一种独特的管理策略。他们尽可能地设定高一些的目标，但并不直接考核员工能否完成这些目标。这样的做法让许多人产生了疑问：难道员工就可以放任自流，不再努力工作吗？然而，答案显然是否定的。

在这个情况下，谷歌实施了一个非常重要的管理机制，即360度环评。这个机制的含义是，你的老板、你的下属、你的同级以及你周围的人都会对你的工作表现进行评价，然后根据他们的评价结果进行加权计算，得出一个综合评分。这个评分将作为衡量你绩效的重要依据。

这种360度环评的方式，旨在从多个角度全面地评估员工的工

作能力和表现。它不仅考虑了员工自身的工作成果，也考虑了他们的团队合作能力、沟通能力以及对公司文化的理解和认同程度等因素。这样，即使员工没有达到预设的目标，只要他们在其他方面表现出色，也能获得较高的评价分数。

此外，这种环评方式还有助于发现和解决潜在的问题。通过听取多方的评价意见，员工可以更清楚地了解自己的优点和不足，从而有针对性地进行改进。同时，这也有助于营造一个更公平、透明的工作环境，减少内部的竞争和猜忌。

实际上，任何管理手段都可以被看作是一种工具。然而，我们必须明确一点，那就是我们使用这些工具的目的并不是为了进行管理本身，而是为了推动企业的发展。换句话说，管理的本质应该是为了提升企业的效率，而不是为了管理而管理。

鲶鱼效应

相信很多人对鲶鱼效应这个心理学领域的词汇并不陌生，它的核心思想是，当一个环境中存在竞争对手时，个体或团队往往会激发出更强烈的动力和创造力。这种效应类似于鲶鱼在海洋中游动时，它们会相互追逐和竞争，以争夺食物和领地。在这种竞争中，鲶鱼不仅能够提高自己的生存能力，还能够推动整个生态系统的发展。

在企业运营中，鲶鱼效应的运用可以采取多种形式。首先，企业可以通过设立激励机制来激发员工的鲶鱼效应。例如，企业可以根据员工的工作表现和贡献程度，设立奖金、晋升机会或其他奖励机制，以激励员工更加努力地工作和追求卓越。这种激励机制可以促使员工相互竞争，不断提高自己的工作能力和业绩，从而推动整个团队的发展。

企业可以通过建立公平的竞争环境来实现鲶鱼效应。这意味着企业应该确保所有员工都有平等的机会参与竞争，并且评价标准应该是公平和透明的。通过这样的竞争环境，员工将感受到来自同事的压力，从而激发他们的潜力和动力。

企业还可以通过提供培训和发展机会来促进鲶鱼效应。通过定期的培训和学习计划，员工可以获得新的知识和技能，提高自己的竞争力。同时，企业还可以为员工提供晋升和发展的机会，让他们看到自己在组织中的前景和发展空间。这样的培训和发展机会将激发员工的积极性和进取心，促使他们不断超越自我。

企业也可以通过建立良好的团队合作文化来发挥鲶鱼效应的作用。一个团结协作、互相支持的团队氛围可以激发每个成员的潜力，并促使他们共同努力实现共同的目标。在这样的团队合作文化下，每个员工都会感到自己的重要性和价值，从而更加积极地投入工作。

此外，企业还可以组织内部竞赛或团队活动。通过这样的活动安排，员工可以在竞争中展示自己的才华和能力，同时也能够从其他同事身上学到更多的工作经验和技巧。

这种内部竞赛或团队活动可以采取多种形式，例如，知识竞赛、技能比拼、创意设计等。这些活动不仅可以让员工在竞争中体

验到成功的喜悦，还能够激发他们的竞争意识和求胜欲望。同时，通过与其他同事的互动交流，员工可以从彼此的经验中汲取营养，提高自身的能力和水平。

除了竞争性的比赛，企业还可以组织一些团队项目，鼓励员工在团队合作中发挥各自的优势。这样的团队活动可以帮助员工建立良好的合作关系，培养团队精神和协作能力。在合作中，员工可以相互借鉴和学习，共同攻克难题，实现目标。

这样的活动不仅可以增强员工之间的合作与沟通，还能够激发他们的积极性和创造力。当员工感受到自己在竞争中的价值和成就感时，他们会更有动力去追求更高的目标，不断挑战自我。而团队活动的开展，也能够促进员工的创新思维和解决问题能力的提升。

企业也可以通过培养良好的企业文化来促进鲶鱼效应的发挥。一个积极向上、鼓励创新和追求卓越的企业文化可以激发员工的激情和斗志，使他们更加主动地参与到工作中。在这样的文化氛围下，员工们会感受到来自上级和同事的认可和支持，从而更加积极地追求个人和团队的成功。

积极向上的企业文化能够为员工创造积极向上的工作氛围。这种氛围可以激发员工的工作热情和积极性，使他们更加愿意投入到工作中。当员工感到工作充满挑战和动力时，他们会更加主动地参与到工作中，展现出更高的工作效率和创造力。

鼓励创新的企业文化能够激发员工的创造力和创新思维。在这样的文化氛围下，员工们被鼓励提出新的想法和解决问题的方法，他们不再害怕失败或者担心自己的创意被忽视。相反，他们会积极尝试新的方法和思路，不断推动企业的创新发展。

追求卓越的企业文化能够激发员工的进取心和自我超越的动

力。在这样的文化氛围下，员工们会被激励不断提高自己的能力和水平，追求更高的目标和更好的业绩。他们会不断挑战自我，勇于承担更大的责任和压力，为企业的发展贡献更多的力量。

在这样的企业文化中，员工们不仅能得到上级和同事的认可和支持，还能获得更多的机会和资源来实现个人的成长和发展。他们会感受到企业对他们的重视和关心，从而更加有动力去追求个人的目标和梦想。同时，他们也会在团队合作中互相学习、互相帮助，共同实现团队的成功和个人的进步。

然而，有一点需要注意，那就是过度使用鲶鱼效应可能会给企业带来额外的负担。在追求短期利益的过程中，如果公司内的同事们为了相互竞争而采取不正当的手段，那么他们很可能会忽视了公司的根本目的。这样一来，公司将可能走上一条错误的道路，最终走向毁灭。

因此，在使用鲶鱼效应时，企业应该把握好度，既要激发员工的竞争意识，又要保持团队的和谐与稳定。只有这样，企业才能在激烈的市场竞争中立于不败之地，实现可持续发展。同时，企业还应该注重培养员工的团队精神和职业道德，让他们明白只有团结协作、共同发展，企业才能取得长远的成功。

第八章
竞争的底层逻辑

第八章　竞争的底层逻辑

竞争争的是什么

在今天的全球化和高度竞争的商业环境中，"竞争"无疑是一个永恒的主题。它像空气一样无处不在，影响着每一个企业的生存和发展。那么，什么是竞争优势呢？简单来说，竞争优势就是那些能够帮助企业持续创造价值，并且竞争对手很难超越和模仿的特殊优势。通俗一点，就是"差异性"。

企业竞争的核心点，其实就在于自身产品或服务的差异性。

以餐饮行业为例，我们可能会看到一些专注于为企业提供餐饮服务的公司。这些公司的规模可能并不是市场上最大的，但是它们却因为拥有极低的配送成本，能够实现更快速、高效的产品供应，从而形成了竞争对手无法比拟的优势。这种优势让它们在激烈的市场竞争中，依然能够保持自己的竞争力，甚至在某些方面超越了其他的竞争对手。

我们以乌镇的发展为例。

乌镇，作为江南众多古镇中的一颗璀璨明珠，吸引了无数游客的目光。每一个曾经踏足过这片土地的人都会深刻感受到乌镇的独特魅力和与众不同之处。

乌镇的古镇样貌得以完好地保存下来，得益于其精心的设计规划和运营管理。在保护古建筑和传统文化的同时，乌镇也注重融入

153

现代化元素，使得古老的小镇焕发出新的生机。这种独特的发展模式并非自然生长的结果，而是经过深思熟虑、精心策划的结果。

乌镇的商业化气息并没有过于浓重，保持了一种适度的平衡。它没有盲目追求商业利益，而是将旅游业与文化传承相结合，为游客提供了一个既有历史底蕴又充满现代活力的旅游胜地。这种独特的发展策略不仅让乌镇成为一个受欢迎的旅游景点，也为当地经济带来了可观的收益。

值得一提的是，乌镇不仅仅是一个普通的旅游景点。这里还拥有茅盾故居和木心故居等重要文物保护单位，这些名人故居见证了中国文学的辉煌历程，为游客提供了了解历史文化的机会。同时，乌镇还承办了世界互联网大会这样的国家级会议，彰显了其在科技创新领域的影响力。此外，每年乌镇戏剧节的举办更是丰富了当地的文化内涵，吸引了众多艺术爱好者和文化从业者的关注。

随着时间的推移，乌镇的内涵越来越丰富多样。它不仅是一个旅游胜地，更是一个文化交流的平台。在这里，游客可以领略到古韵与现代的完美融合，感受浓厚的文化氛围和独特的人文魅力。无论是追寻历史的足迹，还是品味文化的精髓，乌镇都能给人们带来难忘的体验和深刻的感悟。

如果把乌镇看作一个产品，那么乌镇是如何打造出与众不同的消费者体验呢？

陈向宏作为乌镇景区的总规划师、设计师以及乌镇旅游公司的董事长，他在改造乌镇的过程中扮演了多重角色。他的经验和见解为乌镇带来了独特的魅力和吸引力。

首先，陈向宏注重保护和传承乌镇的历史文化遗产。他深入了解乌镇的历史背景和传统建筑风格，将传统文化与现代设计相结合，创造出具有独特魅力的文化体验。游客可以在乌镇感受古韵与现代的交融，体验传统文化的魅力。

其次，陈向宏注重打造乌镇的独特景点和活动。他精心设计了一系列富有创意和特色的景点，如水乡风情街、古镇博物馆等，使游客在游览中能够亲身感受到乌镇的独特之处。此外，他还组织了一系列丰富多彩的活动，如传统民俗表演、手工艺品制作等，让游客能够更深入地了解当地的文化和生活方式。

再者，陈向宏注重提供高品质的服务和设施。他致力于改善游客的体验，提高服务质量，确保游客在乌镇的旅行过程中享受到舒适和便利。他引入了先进的管理理念和技术手段，提升了景区的管理效率和服务水平，使游客能够更好地享受旅行的乐趣。

除此之外，陈向宏注重与当地居民的合作和参与。他鼓励当地居民积极参与到旅游业的发展中来，让他们成为乌镇的"主人"，共同维护和发展这个美丽的地方。通过与当地居民的紧密合作，乌镇不仅保留了传统的风貌和文化氛围，还增添了一份亲切和温暖的感觉。

我们可以从乌镇的例子中了解到什么是差异性，以及如何打造差异性。制造产品的差异性是一个需要长期投入、精心策划的复杂过程。它需要企业管理团队具备出色的战略掌控能力，能够在快速变化的市场环境中保持节奏的稳定和敏感的洞察力，以便准确把握消费者的潜在需求。此外，乌镇在产品设计和运营方面的目标是什么呢？答案就是放大用户体验。

只有那些精致入微、充满人性关怀，并能够深度参与的产品体验，才能给消费者留下深刻的印象，从而在激烈的市场竞争中脱颖而出。因此，乌镇在制造独特的产品体验，始终坚持以"美好"为

一切选择的出发点,这是乌镇始终不忘初心的表现。

正是由于这种对产品体验的极致追求,以及对美好初心的坚守,才让乌镇最终能够与其他古镇形成差异化,拥有了自己独特的品牌特质。这种特质不仅体现在产品和服务上,更体现在对消费者需求的理解和满足上,这也是乌镇能够在众多古镇中脱颖而出的重要原因。

在商业世界中说到差异性,就不得不提及苹果手机了。在2007年,苹果推出了第一代iPhone,它采用了全新的触摸屏界面、多点触控技术以及强大的移动操作系统,与当时市场上的其他手机形成了明显的差异化。这种差异化使得iPhone迅速获得了消费者的认可和喜爱,成为智能手机市场的领导者。

另一个例子是耐克公司的运动鞋。耐克通过不断创新和设计,推出了许多具有差异化特点的运动鞋款式。例如,推出了Flyknit编织技术,使得鞋子更轻便、透气、舒适;还推出了Nike+智能芯片,可以记录运动数据并提供个性化的训练建议。这些差异化的特点使得耐克的运动鞋在市场上独树一帜,成为运动品牌的领军者。

总的来说,企业产品因为差异性而取胜的关键是通过创新和设计来提供独特的价值和体验。只有不断满足消费者的需求并超越竞争对手,企业才能在激烈的市场竞争中脱颖而出,取得成功。

因此,企业归根到底,竞争的是产品与服务的差异性。

为什么要去蓝海市场竞争

蓝海战略，也被称为蓝海策略或蓝海商业模式，是一种全新的商业理念和战略模式。它的核心思想是打破现有的红海竞争，通过创新和改变，开拓一个全新的市场空间，也就是所谓的"蓝海"。在蓝海市场中，企业的竞争压力远远小于在红海市场。

蓝海战略的提出源于对传统市场竞争的深刻洞察和对商业发展的前瞻性思考。在传统的红海市场中，企业之间的竞争往往是零和博弈，即一方的成功必然导致另一方的失败。这种激烈的竞争往往导致资源的浪费和市场的饱和，使得企业难以获得持续的增长和发展。

红海	蓝海
竞争激烈	竞争程度较低
发展空间小	发展潜力大

蓝海战略的实施需要企业具备一定的创新能力和变革意识。首先，企业需要不断地进行产品和服务的创新，以满足消费者不断变化的需求；其次，企业还需要进行组织和管理的创新，以适应市场的变化和挑战。只有不断的创新和变革，企业才能够在竞争激烈的市场中脱颖而出，开辟属于自己的蓝海市场。

在这个全新的市场中，没有明显的竞争对手，也没有明确的市

场边界，企业可以自由地发展和扩张。这种市场空间被称为"蓝海"，因为它与红海相比，是一个充满无限可能性和机会的新领域。

然而，要成功进入蓝海市场并不容易。企业需要具备敏锐的市场洞察力和创新能力，不断进行市场调研和产品研发，以满足消费者不断变化的需求。同时，企业还需要建立良好的品牌形象和营销策略，以吸引更多的消费者关注和购买。

在商业世界中，企业因蓝海战略而取得成就的例子并不少。

苹果公司在2007年推出的iPhone手机，是一个典型的蓝海战略的成功案例。当时，市场上的手机产品大多为同质化竞争，即功能和设计相似，竞争激烈。然而，苹果却凭借其独特的设计和用户体验，成功开辟了一个蓝海市场。

在iPhone推出之前，现代智能手机的概念还未被大众所熟知，各大厂商的产品在功能上趋于一致，缺乏差异化竞争优势。而苹果的iPhone则以其独特的设计风格、流畅的用户界面以及丰富的应用生态系统迅速吸引了消费者的目光。iPhone的设计简洁、时尚，与众不同的外观使其在众多手机中脱颖而出；而其操作系统iOS的流畅性和易用性也赢得了用户的赞誉。此外，苹果还通过与第三方开发者的合作，为用户提供了丰富多样的应用程序选择，进一步巩固了其在智能手机市场的领先地位。

iPhone的成功不仅在于其独特的设计和用户体验，还在于苹果对市场的深入洞察和创新思维。苹果公司意识到传统手机市场的竞争已经非常激烈，因此选择了一个全新的方向来开拓市场。他们将目光投向了移动互联网领域，致力于打造一个完整的生态系统，将硬件、软件和服务紧密结合在一起，为用户提供全方位的体验。

第八章 竞争的底层逻辑

如今，iPhone已经成为全球最畅销的智能手机之一，市场份额稳居前列。它的成功不仅为苹果公司带来了巨大的商业利润，也为整个智能手机行业树立了榜样。许多其他手机厂商纷纷效仿苹果的创新模式，推出了一系列具有差异化竞争优势的产品。可以说，iPhone的成功是蓝海战略的一个典范，它告诉我们只有通过创新和差异化才能在激烈的市场竞争中脱颖而出。

让我们再次关注亚马逊这家公司。亚马逊最初以其在线书店的身份为人所熟知，然而随着时间的推移，它并没有满足于现有的成功，而是选择持续扩展其业务范围。如今，亚马逊已经涉足了电子商务、云计算、数字流媒体等多个领域，这种无边界的扩张策略使得公司在全球范围内建立了一个庞大的客户基础，并实现了持续的高速增长。

亚马逊的这种扩张策略，不仅体现在其业务的多元化上，更体现在其对于新领域的不断探索和尝试。无论是在电子商务领域，还是在云计算和数字流媒体领域，亚马逊都展现出了其强大的创新能力和技术实力。这种无边界的扩张策略，使得亚马逊能够在不断变化的市场环境中保持领先，同时也为其未来的发展打下了坚实的基础。

最后，我们来看看特斯拉，特斯拉以其独特的电动汽车和可再生能源技术为核心，打破了传统汽车行业的竞争格局。这家公司的成功，不仅在于其在电动汽车市场上取得了领先地位，而且还在于其在自动驾驶技术和能源存储等领域的重大突破。

特斯拉公司的成功，首先得益于其对电动汽车的专注和投入。它的电动汽车以其出色的性能、创新的设计和环保的特性，赢得了消费者的喜爱。特斯拉的电动汽车不仅提供了与传统汽车相当甚至

更好的驾驶体验，而且其零排放的特性也符合了现代社会对环保的追求。

此外，特斯拉公司在可再生能源技术方面也取得了重大突破。它的太阳能板和储能系统，不仅为家庭和企业提供了清洁、可再生的电力供应，而且也为电动汽车的普及提供了可能。这些技术的发展，使得特斯拉公司成为可持续能源领域的领导者。

特斯拉公司还在自动驾驶技术和能源存储等领域取得了重大突破。其自动驾驶技术的进步，使得驾驶更加安全、便捷；而其能源存储技术的发展，则为电动汽车的续航里程提供了保障。这些技术的创新，使得特斯拉公司的产品和服务更加完善，也为其在市场竞争中取得了优势。

特斯拉公司的成功，充分证明了蓝海战略的巨大潜力。通过专注于自己的核心竞争力，特斯拉公司成功地打破了传统汽车行业的竞争格局，成为电动汽车和可再生能源领域的领导者。这为其他企业提供了一个很好的范例，展示了如何在竞争激烈的市场环境中，通过创新和专注，实现自身的发展。

总的来说，蓝海市场是一个充满机遇和挑战的市场领域，对于有眼光、有胆识的企业来说，它是实现跨越式发展的重要途径。

在蓝海市场中，企业将会有事半功倍的效果。

第八章 竞争的底层逻辑

零和博弈的危险

在竞争激烈的现代社会中，博弈论成为一种普遍的现象。无论是个人之间的竞争，还是企业之间的博弈，都存在着胜负之分。而这种胜负往往决定了个体或企业在竞争中的地位和优势。

在现实世界中，很多博弈都是零和博弈。零和博弈是指一方的收益必然导致另一方的损失，双方的收益和损失相加等于零。这种博弈的特点是没有共赢的可能，只有一方的胜利和另一方的失败。在企业之间的博弈中，这种零和博弈尤为明显。当一家企业获得更高的市场份额或更高的利润时，其他企业往往会受到一定程度的冲击，甚至可能面临倒闭的风险。这种零和博弈对企业与市场都带来了一定的危害。

零和博弈	1-1=0
非零和博弈	1+1＞2

在零和博弈的情况下，参与博弈的企业可能会通过各种手段来获取更大的利润。例如，通过限制供应来提高产品的价格，或者通过控制市场份额来阻止新的竞争者进入市场。这样，他们就可以获得比竞争对手更高的利润，而消费者和其他竞争者则无法从中获得同样的收益。

这种情况不仅会导致市场竞争的减少，还可能对消费者的权益

造成损害。当市场上只有少数几个主导企业时，消费者往往没有太多的选择，他们的购买决策权在很大程度上被这些企业所控制。此外，由于竞争的减少，这些企业可能会降低产品和服务的质量，从而降低消费者的满意度。

同时，这种情况也会减弱市场的创新动力。在竞争激烈的市场环境中，企业需要不断创新以保持其竞争优势。然而，当市场上只有一个或少数几个主导企业时，可能不需要进行大量的创新就能获得高利润，这可能会导致他们对创新的需求降低。

此外，企业之间的零和博弈还可能导致不公平竞争的现象。在这种竞争中，一些企业可能会采取不正当手段来获取竞争优势，如虚假宣传、价格倾销等。这种行为不仅违反了市场规则，也损害了其他企业的正常竞争环境。

企业在零和博弈中的行为可能会进一步加剧社会的不平等现象。在这场博弈中，那些拥有更多资源、更强大实力的企业往往能够获得更多的利益，而那些相对较弱的竞争者则可能面临被淘汰出局的风险。这种不均衡的竞争结果可能导致贫富差距的进一步扩大，社会阶层的固化，甚至可能引发社会不稳定的因素。因为零和博弈很容易就会演变成恶性竞争。

这是一个典型的因零和博弈而导致两败俱伤的商业案例。

A公司和B公司两家电子制造企业。两家公司在相同的市场领域中有着直接的竞争关系，都生产并销售类似的产品。为了在竞争中获得优势，两家公司都选择了降低价格的策略。

起初，这种竞争方式似乎对两家公司都有好处，都能通过降低价格吸引更多的消费者，从而增加销售额。然而，随着时间的推移，这种零和博弈的局面开始显现出弊端。

由于两家公司都在降价，消费者开始期待更低的价格，这使得两家公司都无法提高价格以获取更高的利润。同时，由于它们的生产成本并未下降，所以利润空间也在逐渐缩小。

最终，两家公司都陷入了困境。销售额虽然有所增长，但利润率却大大降低。此外，由于两家公司都在降低价格，市场上的其他竞争对手也开始跟进，这进一步加剧了市场的恶性竞争。

再比如，在当今的电商环境中，某家知名的电商平台推出了一系列的优惠政策，旨在吸引更多的商家入驻。这些优惠政策包括免费入驻和高额补贴等，对于许多小型和初创企业来说，这无疑是一个极好的机会。然而，随着商家数量的增加，平台上出现了大量的假冒伪劣商品，这无疑对消费者权益构成了威胁。

为了追求利润，一些商家甚至不惜采取刷单、虚假评价等不正当手段来提高自己的销量和信誉。这种行为不仅违反了电商平台的规则，也严重损害了消费者的权益。同时，这种恶性竞争也让平台的声誉受到了严重的影响，使得消费者对该平台的信任度大打折扣。

这种情况引发了人们对电商平台管理和监管的深思。如何在保护消费者权益的同时，又能有效地吸引商家入驻，成为一个亟待解决的问题。对此，电商平台需要进一步加强对商家的管理，严格执行规则，打击假冒伪劣商品，同时也要加大对刷单、虚假评价等行为的处罚力度，以维护平台的公平性和公正性。

此外，还有一些行业存在着恶性竞争的现象，如快餐行业。以某快餐品牌为例，为了在竞争激烈的市场中脱颖而出，它推出了一款价格低廉的套餐，以期吸引更多的消费者。然而，令人遗憾的是，这款套餐的食材质量并不高，口感也不尽如人意。为了降低成

本，该品牌还采用了劣质的食材和简单的烹饪方式。这种做法不仅损害了消费者的健康和味蕾享受，也让消费者对该品牌的诚信产生了质疑。

这种恶性竞争对整个快餐行业的健康发展带来了负面影响。首先，低质量的产品会降低消费者对整个行业的期待值，使人们对快餐的品质要求逐渐降低；其次，恶性竞争可能导致行业内的价格战，进一步压缩了企业的盈利空间，甚至可能引发更为恶性的竞争局面。最重要的是，这种竞争模式可能会损害整个行业的声誉，影响消费者的购买决策和品牌形象。

零和博弈的反面是非零和博弈，是指合作的双方或多方企业最终都获利，达成双赢或多赢。

最典型的例子就是亚马逊与苹果。作为全球最大的电子商务平台之一，亚马逊与苹果之间存在着一种非零和博弈的关系。尽管它们在某些领域存在直接竞争，但它们也通过合作实现了互利共赢。例如，亚马逊提供了庞大的销售渠道，使得苹果产品能够迅速进入市场；而苹果则通过其独特的设计和用户体验吸引了大量消费者，为亚马逊带来了丰厚的利润。这种合作模式不仅促进了双方的发展，也为其他企业提供了一个良好的范例。

这种非零和博弈关系体现了亚马逊和苹果之间的互补性和协同性。虽然它们在市场竞争中是竞争对手，但它们意识到彼此的优势和价值，并通过合作将各自的优势发挥到极致。亚马逊的庞大销售网络为苹果产品提供了更广阔的市场空间，让更多的消费者能够接触到苹果的产品并享受其独特的价值。而苹果凭借其卓越的设计和技术实力，吸引了众多忠实的粉丝和消费者，为亚马逊带来了可观的收益。

这种合作关系不仅对亚马逊和苹果自身有利，也对整个行业产生了积极的影响。它展示了企业在竞争中可以寻求合作的可能性，实现双赢的局面。这种合作模式为其他企业提供了一个有益的借鉴和启示，在面临竞争时主动寻求合作的机会，共同创造更大的价值。

除此之外，谷歌与安卓手机厂商也是非零和博弈的典型例子。在合作关系中，谷歌提供搜索技术和广告服务，而手机厂商则负责生产和销售安卓手机。

谷歌作为一家技术驱动的公司，其核心竞争力在于强大的搜索引擎技术和广告服务。通过为安卓手机厂商提供这些技术支持和资源，谷歌确保了自身在移动互联网领域的领先地位。而手机厂商则通过销售安卓手机获得了收入，进一步推动了智能手机市场的发展。

在这种合作关系中，谷歌与手机厂商之间的利益并不是完全对立的。手机厂商通过销售安卓手机获得了收入，实现了市场份额的增长和品牌影响力的提升。同时，谷歌也通过广告业务获得了巨额利润，实现了自身的盈利目标。

除了经济利益外，谷歌还为安卓手机厂商提供了技术支持和市场推广。谷歌的工程师团队不断优化安卓系统，修复漏洞，提升用户体验。此外，谷歌还通过各种渠道进行市场宣传和推广活动，帮助安卓手机厂商扩大品牌知名度和市场份额。

这种合作关系不仅有助于谷歌巩固其在互联网行业的领导地位，也为手机厂商带来了更多的商业机会和发展动力。双方的合作伙伴关系建立在互利共赢的基础上，共同推动着智能手机市场的繁荣与发展。

总的来说，企业要想做大做强，就要避免掉入零和博弈的陷阱之中，否则将会是两败俱伤的局面，到时候想脱身都不容易。

如何打造自己的核心竞争力

一些专门研究企业核心竞争力的学者们深入探讨后，发现所谓的"竞争力"，其实质在于企业所拥有的、无法被其他企业模仿的知识。这些知识可能包括独特的技术、创新的管理方式、深度的市场理解等。这些知识是企业独有的，只有企业自身才能掌握和运用，因此具有极高的价值。

比如，如果一个企业能够开发出一种全新的产品或服务，而这种产品或服务是其他企业无法模仿的，那么这个企业就具有了强大的竞争力。因为这种独特性使其他企业在短期内无法复制，从而形成了竞争优势。但是，被称为"知识管理的拓荒者"，日本一桥大学教授野中郁次郎说，因为知识有"隐性知识"和"显性知识"之分，所以管理知识显得非常困难。

那么问题来了，什么是隐性知识呢？什么又是显性知识呢？

隐性知识，也被称为隐含知识，是指那些没有被明确表述出来的知识、技能和秘诀等。这种知识的存在形式往往是难以察觉的，因为它并没有被直接表达出来，而是隐藏在我们的大脑深处，等待着被挖掘和利用。

获取和传递隐性知识通常需要通过实践、体验以及观察等多种方式,这些方法往往比直接学习和记忆更为深入和牢固。因此,在许多情况下,隐性知识能够提供更深层次的理解和应用能力。

相较于显性知识,隐性知识的获取与传递更具挑战性。它并非以书面文字、图表或数学公式的形式呈现,而是通过实际经验、亲身感受和细致观察来积累和传递的。这种知识形式更加灵活多样,因为它可以随着个人经历和环境的变化而不断演变和丰富。

然而,正是由于隐性知识的难以捉摸和抽象性,它在很多方面具有独特的优势。首先,隐性知识能够帮助人们更好地理解和应用所学的知识。通过亲身经历和观察,人们能够将抽象的概念转化为具体的经验,从而更深入地理解知识的内涵和应用价值。

隐性知识的获取和传递过程本身就是一种学习的过程。通过实践和体验,人们不仅能够巩固已学的知识,还能够发现新的问题和解决方案。这种主动的学习态度有助于培养人们的创新思维和解决问题的能力。

此外,隐性知识的传递也更加注重人际交流和合作。在实践中,人们可以通过分享经验和观点来促进彼此之间的学习和成长。这种合作学习的方式不仅能加深对知识的理解,还能培养团队合作精神和沟通能力。

下面是一个典型的企业所拥有的、无法被其他企业模仿的知识的案例。

有一家科技公司在人工智能领域拥有一项独特的技术专利,这项技术能够实现高效的语音识别和自然语言处理。这项技术在市场上独一无二,其他企业很难在短时间内迎头赶上。由于这项技术的壁垒,该公司在市场竞争中占据了优势地位,成为该领域的领军企业。这项技术专利的突破性在于其在语音识别和自然语言处理方面的卓越表现。

通过先进的算法和模型，该公司的技术能够准确地将语音转换为文本，并实现对文本内容的深入理解和分析。这使得用户在使用该公司的产品时，可以更加便捷地与智能助手进行交流和互动。

这项技术的独特之处在于其高度智能化和个性化的特点。通过对大量数据的学习和训练，该公司的技术能够自动适应不同用户的语音习惯和表达方式，从而提供更加精准和个性化的服务。这种个性化的体验使用户对该公司的产品和服务产生了强烈的依赖和忠诚度。

除了在语音识别和自然语言处理方面的优势，该技术还具备广泛的应用前景。无论是在智能家居、智能客服、智能助手等领域，该技术都能够发挥巨大的作用。随着人工智能技术的不断发展和普及，该技术的应用范围还将进一步扩大。

再比如，有一家餐厅独具匠心，他们推出了一道创新的、独一无二的菜品。这道菜品巧妙地融合了多种食材和独特的烹饪技巧，使得其口味独特且令人难以忘怀。这道菜品的独特性，不仅在于其美味，更在于其背后的创新精神和对美食艺术的热爱。

这家餐厅的创新之举，吸引了大量的食客前来品尝。它们在竞争激烈的市场中脱颖而出。它们的成功，不仅仅是因为美味的菜品，更是因为它们对创新的追求和对顾客需求的深度理解。

这也是一个企业所拥有的、无法被其他企业模仿的知识的典型案例。这种知识不仅包括了烹饪技巧和食材的选择，更包括了对市场趋势的敏锐洞察和对消费者需求的精准把握。这些知识是这家餐厅能够在众多竞争者中脱颖而出的关键因素。

第八章 竞争的底层逻辑

除了科技创新和餐饮业，其他行业也存在这样的例子。比如，一家制药公司在研发新药时发现了一种罕见的疾病治疗方法，该方法经过多年的研究和实验才得以成功。这种独特的治疗方法使该公司在医药市场上独占鳌头，其他竞争对手很难复制其成功经验。

此外，金融行业也有一些成功的案例值得借鉴。一家投资银行在研究新兴产业时，发现了一种新型区块链技术的应用前景。该银行迅速将这一发现转化为实际的投资策略，并在市场中脱颖而出。其他金融机构虽然也在关注这一领域，但由于缺乏先发优势和深度研究，很难与这家银行竞争市场份额。

同样的，教育行业也有类似的成功案例。一所以STEM（科学、技术、工程和数学）教育为特色的学校，通过引入先进的教学方法和技术设备，培养了许多优秀的学生。这些学生的创新能力和实践能力得到了广泛认可，使该校在该领域的声誉不断提升。其他学校虽然也尝试模仿这种模式，但很难达到同样的教学效果和成果。

说白了，所谓的"竞争力"，其本质在于企业所拥有的、无法被模仿的独特知识。

那么，如何提升组织的知识总量呢？这就需要我们掌握并运用知识管理的方法。

首先，我们要理解知识的积累是一个潜移默化的过程。这意味着我们需要在日常工作中不断学习和积累知识，而不是刻意去追求。这种积累的过程是持续的，需要我们有足够的耐心和毅力。

其次，我们需要通过外部明示来传播和分享我们的知识和经验。这可以通过各种形式的培训、研讨会、报告等方式来实现。这不仅可以提高我们的知识水平，也可以让更多的人了解和学习我们的知识和经验。

再次，我们需要通过汇总组合的方式来整合和优化我们的知识。这需要我们对知识进行深入的理解和分析，找出其中的共性和联系，然后进行有效的整合和组合，形成更有价值的知识。

最后，我们需要通过内化升华的方式将知识转化为自己的能力和素质。这需要我们在理解和掌握知识的基础上，将其应用到实际工作中，通过实践来检验和完善我们的知识。

好的企业都该具有的竞争原则

所有成功的企业都应遵循一些基本的竞争原则。这些原则是它们在商业世界中取得成功的关键因素，它们不仅有助于企业在竞争激烈的市场中脱颖而出，而且还有助于它们在不断变化的商业环境中保持竞争力。以下是一些好的企业都应该具备的竞争原则。

创新

在今天这个快速变化的世界中，只有不断创新的企业才能保持领先地位。这包括产品创新、服务创新、商业模式创新等。创新可以帮助企业在竞争中保持优势，吸引更多的客户，提高市场份额。

随着科技的不断进步和市场的竞争日益激烈，企业需要不断地进行创新来适应变化的环境。产品创新是其中的重要一环，通过研发新产品或改进现有产品，企业能够满足消费者不断变化的需求，提供更好的用户体验，从而赢得竞争优势。

服务创新也是企业保持竞争力的关键。通过提供更高效、更个性化的服务，企业能够满足客户的不同需求，增加客户黏性和忠诚度。

商业模式创新也是企业保持领先地位的重要手段。随着互联网的普及和数字化时代的到来，传统商业模式已经无法满足市场需求。企业需要通过引入新的商业模式，如共享经济、平台化等，来创造更多的商业机会和价值。

除了产品、服务和商业模式创新外，企业还可以通过组织创新、管理创新等方面来提升竞争力。

质量优先

高质量的产品和服务是企业赢得客户信任和忠诚的关键。在任何情况下，只要产品质量高，消费者都会愿意购买。因此，企业应该始终将质量放在首位，不断提高产品和服务的质量，以满足客户的需求和期望。

客户至上是企业成功的关键之一。企业的成功与否取决于其能否满足客户的需求和期望。因此，企业应该始终把客户放在第一位，了解他们的需求，提供他们需要的产品或服务，并提供优质的客户服务。只有通过深入了解客户的喜好和需求，企业才能更好地满足客户的需求，从而建立长期的客户关系。

在竞争激烈的市场环境中，企业要获得客户的信任和忠诚，必须不断提升产品和服务的质量。只有通过持续改进和创新，企业才能保持竞争优势，并赢得客户的口碑传播。同时，提供优质的客户服务也是至关重要的。良好的客户服务不仅可以解决客户的问题和需求，还可以增加客户的满意度和忠诚度。

因此，企业应该始终以客户为中心，关注客户的需求和期望，

努力提供优质的产品和服务。只有这样，企业才能够赢得客户的信任和忠诚，实现可持续发展的目标。

持续改进

企业应该始终保持对自身运营和业务流程的持续改进。这不仅可以提高企业的运营效率，还可以帮助企业适应市场的变化，抓住新的商业机会。

在当今竞争激烈的商业环境中，保持对自身运营和业务流程的持续改进至关重要。通过不断优化和改进，企业可以提高工作效率、降低成本、增强竞争力，并更好地满足客户需求。持续改进是一个动态的过程，需要不断地进行评估和调整，以适应市场的变化和发现新的商业机会。

首先，持续改进可以帮助企业提高运营效率。通过对流程的分析和优化，企业可以消除烦琐的环节和低效的工作方式，从而节省时间和资源。

其次，持续改进有助于企业适应市场的变化。商业环境是不断变化的，市场需求也在不断演变。只有通过持续改进，企业才能及时调整自身的战略和业务模式，以适应新的趋势和挑战。同时，持续改进还可以帮助企业发现新的市场机会，开拓新的业务领域。

最后，持续改进是抓住新的商业机会的关键。商业机会往往伴随着变革和创新，只有那些能够迅速适应并抓住机会的企业才能取得成功。通过持续改进，企业可以培养灵活应变的能力，及时调整战略和资源配置，抢占市场先机。同时，持续改进还可以激发员工的创造力和潜力，促进企业的创新能力和竞争优势的提升。

公平竞争

在商业领域，尊重市场竞争规则并反对不正当竞争行为是每一个企业都应该遵循的原则。这是因为公平竞争不仅可以保护消费者的权益，还能促进市场的健康发展。

尊重市场竞争规则意味着每个企业在市场中都有平等的机会去展示自己的产品和服务。这种公平的环境可以让企业之间进行真正的竞争，从而推动它们不断创新和提高产品质量。同时，这也为消费者提供了更多的选择，使他们可以根据自己的需求和预算来选择合适的产品或服务。

反对不正当竞争行为是维护市场秩序的重要手段。不正当竞争行为包括但不限于价格操纵、虚假广告、侵犯知识产权等。这些行为不仅损害了其他企业的权益，也对整个市场的公平竞争环境造成了破坏。因此，企业有责任遵守相关法律法规，坚决抵制不正当竞争行为，以维护市场的公平和正义。

公平竞争对保护消费者权益尤为重要。在一个公平的市场中，消费者可以自由地比较不同产品和服务的质量、价格和特点，从而做出明智的选择。此外，公平竞争还可以防止出现垄断和滥用市场支配地位的现象，确保消费者的利益不受损害。

最后，公平竞争对促进市场的健康发展也是至关重要的。一个健康的市场环境可以吸引更多的企业进入市场，提供更多的就业机会和经济增长点。同时，公平竞争还可以激发企业的创新活力，推动科技进步和产业升级。只有在这样的环境下，市场才能实现可持续发展。

社会责任

一个成功的企业，不仅需要追求经济利益，更需要承担起对社会的责任。这种责任并不仅仅局限于经济层面，而是涵盖了环保、公益活动、员工福利等各个方面。

环保是企业社会责任的重要组成部分。随着环境问题的日益严重，企业需要采取积极的措施来减少对环境的负面影响。这可能包括采用更环保的生产方法，减少废物排放，提高能源效率等。这样不仅可以保护环境，也可以提升企业的公众形象，赢得社会的尊重和信任。

公益活动也是企业履行社会责任的重要方式。企业可以通过捐款、志愿服务等方式参与社区服务，帮助那些需要帮助的人。这不仅可以帮助改善社区的生活质量，也可以提升企业的社会形象，增强其在公众心中的地位。

员工福利也是企业社会责任的重要组成部分。企业应该提供良好的工作环境和待遇，关心员工的身心健康，提供各种培训和发展机会，以激发员工的工作热情和创新能力。这样可以增强员工的归属感和忠诚度，提高他们的工作效率和满意度，从而推动企业的发展。

无论如何，希望你能记住以下竞争的原则：

> 竞争 = 创新 × 质量优先 × 客户至上 × 持续改进 × 公平竞争 × 社会责任

第九章
增长的底层逻辑

企业为什么增长

许多人的观点是，无论是业绩还是到处开分公司，企业之所以增长，是因为它创造了足够的利润，换句话说，就是它赚到了钱。因此，为了保持和扩大这种增长势头，企业必须继续扩大规模，增强实力。

然而，这种观点可能过于狭隘。企业的增长并不仅仅是因为企业自身做对了某些事情，更重要的是，社会出现了结构性的变化。在经济板块的碰撞和重组过程中，新的市场缝隙和空白被创造出来。如果一家企业能够准确地抓住这些市场变化，及时填补这些空白，那么它就可能会实现快速增长。

企业的增长是因为什么？	
创造了利润	×
填补了市场空缺	√

例如，随着科技的发展和社会的进步，一些新兴的行业和领域开始崭露头角，这些行业和领域的出现，为那些能够抓住机会的企业提供了新的增长空间。如果一家企业能够及时地发现这些新的机会，并且有足够的实力去抓住这些机会，那么它就可能会实现快速增长。

在正常的商业环境中，如果一家企业一年的增长率只有

2%~3%，那么这就意味着这家企业的业绩并未达到预期，或者说是跑输了整体的经济发展速度。在这种情况下，你可能需要深入思考的是，你的业务运营策略是否真的出现了问题，或者你的产品或服务没有满足市场的需求。更有可能的是，你所在的行业的生存空间正在被社会环境压缩，这可能是由于市场竞争加剧，政策环境变化，或者是消费者需求的转变等原因。

如果你的企业年增长率达到了10%，甚至超过了GDP的2倍，那么你可能会觉得自己的业务做得非常好。然而，你需要明白，这种增长并不是因为发现了新的机会空间，而是通过优化管理，提高效率等方式实现的。这种增长方式并不能保证企业的长期发展，因为它并没有真正解决企业面临的挑战和问题。

对于那些几年内就成了独角兽，一年增长超过GDP 10倍的企业，它们无疑是找到了新的发展空间，发现了新的商业机会。但是，你也不能认为它们是行业的大神，或者你能从中学到什么经验。因为这些企业一定是进入了一个崭新的领域，可能它们都还在摸索中。也就是说，它们之所以能够快速发展，是因为抓住了行业的红利期，也就是市场的风口。正如雷军所说："站在风口上，猪都能飞起来。"这就是说，只要抓住了机遇，即使是最弱小的个体也有可能取得巨大的成功。

在曾经的时代，世界被描绘得如此清晰，仿佛每一寸土地、每一条河流、每一座山脉都被精确地标记在地图上。人们在这个世界中，比拼的不仅仅是力量和速度，更多的是对地图的认知和掌控。他们沿着地图上的路线前行，一步步向着目标前进。

然而，现在的世界已经发生了翻天覆地的变化。大量的未知领域、混合地带，甚至沧海变桑田的地方层出不穷，使得地图本身变

得不再那么清晰，也不再那么稳定。这些变化让人们对自己的位置产生了困惑，甚至有些迷茫。

在这样的情况下，判断自己的位置显得尤为重要。在过去的世界里，只要按照大家公认的路径前进，只要付出足够的努力，就一定能够看到自己的成长和进步。但是，现在的世界已经不再那么简单。

在这个世界里，我们只能通过不断的自我突破，才能获得进入新空间的能力。这种能力可能在过去并不存在，但是在现在，它已经成了我们生存和发展的必要条件。我们需要拥有这种能力，才能在这个充满未知和变化的世界中立足。

同时，我们还需要一点运气。因为在这个世界中，有时候即使我们具备了进入新空间的能力，也可能因为各种不可预见的因素而无法成功。因此，运气也成了我们能否成功的重要因素之一。

在这个环境中，最大的挑战并不是企业没有尽力去争取和抓住机会，而是他们往往无法明确如何去努力。这是因为，很多时候，那些看似不起眼的机会，其实就隐藏在我们日常生活中的某个角落，等待着我们去发现和把握。即使是那些在业界有着极高声望和影响力的大型企业，也同样面临着这样的问题。

因此，对于企业来说，它们需要更加敏锐地观察和理解市场动态，以便能够及时捕捉到这些潜在的机会。同时，也要不断地学习和提升自身的能力，以便在面对这些机会时，有足够的实力去抓住它们。

让我们以中国的电商行业为例，阿里巴巴就像一颗耀眼的太阳，以其无可比拟的战略优势，一路领先，无人能及。然而，就在最近几年，像拼多多和云集这样的新型电商平台突然出现，打破了阿里巴巴的垄断地位。作为一家国际上市公司，阿里巴巴的战略能力无疑是强大的，那么，它怎么会允许这么大的市场份额被这些新兴平台轻易夺走呢？这究竟是怎么回事？

有些人认为，这些新平台的问题在于销售假冒伪劣商品。然而，这个观点并不符合常识。你能相信假冒伪劣的商品能够成为一个国际上市公司的基础吗？这种判断显然是不准确的。

另一些人则认为，这是因为这些新平台已经深入到了四五线城市甚至是乡镇市场，也就是所谓的五环外市场。如果仅仅是这种新的市场空间，阿里巴巴和京东等大型电商平台为何不去呢？这是显而易见的市场空间，大企业又怎么可能视而不见呢？

早期的互联网企业，基本上都是基于人性的弱点建立起来的：贪婪、愤怒、愚蠢、懒惰、贪图小便宜等。因此，打折促销、美女导购、转发提成等策略对早期的电商来说都非常有效。

但是，新崛起的平台又如何呢？例如云集，它的用户中有95%是女性，86%是妈妈群体。这的确是一个令人惊讶的比例。为什么会有这么高的女性比例呢？因为这些女性成了云集上的卖家，她们不仅为了追求利润，还有一个非常重要的精神动力，那就是获得存在感、优越感和成就感。她们通过销售商品，证明自己是一个有价值的人，可以为周边的朋友提供有价值的服务，可以为家庭贡献收入。

恰恰是那些活跃在社会边缘的，甚至被主流社会忽视的平台，开拓了一个新的、正向的精神空间。这个空间是什么呢？就是人性的光明面，比如优越感、成就感等。

因此，企业若是能及时发现这些空缺地带，并进行填补，增长便是顺理成章的事情。

要想获得指数级增长，该怎么做

在今天的中国，相信每一个具有上进心的人都听说过樊登读书。

樊登读书会，作为中国最大的付费阅读俱乐部，在过去的三年里，已经发展出了超过120万的会员。这个成就的背后，是一种企业的快速增长，这种增长方式，即产品在某个临界点上实现爆发式的增长，被称为指数级增长，也是许多企业都渴望实现的目标。

在樊登读书会的发展过程中，它成功地利用了指数级增长的策略。通过不断优化产品功能和用户体验，樊登读书会在用户数量和活跃度方面实现了快速增长。这种增长方式不仅为企业带来了巨大的商业价值，还为读者提供了丰富多样的阅读资源和交流平台。

樊登读书会注重产品的持续创新和市场定位的精准把握。它不断推出新的功能和服务，满足不同用户的需求，从而吸引更多的用户加入并保持他们的忠诚度。同时，樊登读书会也积极与出版社、作者等合作伙伴合作，共同打造优质的阅读内容，提升品牌影响力和竞争力。

除了产品层面的创新，樊登读书会还注重用户运营和社区建设。通过举办线上线下的活动、推出会员专享权益等方式，樊登读书会积极促进用户之间的互动和交流,形成了一个充满活力和凝聚力的读书社区。这种社区氛围不仅增强了用户的归属感和忠诚度,也为樊登读书会的口碑传播和用户口碑营销提供了有力支持。

有人可能会好奇了,樊登读书为什么能取得如此令人羡慕的指数增长呢?

首先,我们来探讨一下樊登读书会的产品有哪些独特的特点。

樊登读书会的第一个特征在于其产品的边际成本几乎为零。这意味着无论你是想要为10个人提供解读书籍的音频,还是为10万人提供同样的服务,生产这些内容所花费的时间都是大致相同的。这种特性得益于基于网络的知识服务的特性,使得人们可以随时随地使用这些服务,而不受地理位置和人数的限制。这种灵活性使樊登读书会的服务能够适应各种规模的需求,从而实现了高效的生产和分配。

然而,传统的知识服务,如上课、培训等,往往需要占用大量的时间,这就使得它们的边际成本变得很高。例如,一个教师可能需要花费数小时来准备一堂课,而这堂课只能服务于少数的学生。同样,一个培训师可能需要花费数天的时间来进行一次培训,而这次培训只能服务于少数的员工。这种情况下,服务的边际成本就会变得非常高。

因此,边际成本为零是樊登读书会能够实现组织指数型增长的关键因素。这种零边际成本的特性使樊登读书会能够快速扩大服务规模,满足更多人的需求,从而实现了快速的发展和增长。同时,这也使樊登读书会的服务更加具有竞争力,能够在知识服务市场中脱颖而出。

第二个特点是,樊登读书会的产品需要让用户感到被感动。这

并不是说产品的制作和设计只需要达到一定的水平就足够了，而是说产品需要有能力真正触动用户的内心，引发他们的共鸣。这种感动并不仅仅是一种简单的情感反应，而是一种深层次的情感体验，它能够深深地影响用户的思考方式和行为模式。

例如，许多父母在与孩子的沟通上会遇到很多困难，他们可能会感到无助和困惑，不知道如何有效地与孩子交流。但当他们听完关于亲子教育的书籍后，可能会意识到孩子叛逆的原因，以及自己和孩子沟通不畅的问题。这样的书籍不仅提供了解决问题的方法，更重要的是，它们能够帮助父母理解孩子的内心世界，从而更好地与孩子建立联系。这样的产品就能真正地影响用户的生活，让用户感到被感动，从而愿意将产品推荐给他人。

接下来，我们来看看樊登读书会是如何进行推广的。

首先，樊登的读书会采用的是一种线下分销的模式。具体来说，它们会在各大城市设立分会，每个分会都有独立的法人实体进行运营和管理。这种方式的好处在于，各个分会可以共享利益，同时也可以根据自己的实际情况和需求来进行运营和管理。

虽然读书会主要提供的是线上的产品，但是这些产品需要深度的体验才能真正发挥其价值。因此，并不会在网上直接销售产品。这是因为，相比于线上的说服力和推动力，线下的交流和体验更能让消费者感受到产品的真正价值。

无论传统企业从事的是何种行业，它们都有机会将产品或服务的边际成本降至最低甚至为零。以餐饮业为例，麦当劳作为全球知名的快餐品牌，通过其强大的品牌影响力和标准化的制作流程，吸引了众多加盟商的投资，使得扩张的边际成本几乎为零。

樊登的成功是否可以给其他人带来借鉴呢？

第九章　增长的底层逻辑

这是肯定的，樊登曾经给出过两点建议，第一，对于大型的企业和公司来说，并不倾向于公开讨论发展指数型组织的事情。这是因为在开发新产品的过程中，内部往往会遇到很大的阻力。这些阻力可能源于员工对新事物的不适应，也可能来自他们对改变现状的恐惧。因此，大企业通常会选择在幕后进行实验，而不是在公众面前公开讨论。指数型组织的概念，是一种新兴的组织形态，它强调的是快速反应和适应变化的能力。在这种组织中，决策的速度和灵活性都得到了极大的提升。这种组织模式通常在公司的业务边缘诞生，因为这样可以更快地适应市场的变化，更好地满足客户的需求。在这种情况下，一个小团队会被派去进行实验。这个团队的成员通常是公司内部的精英，他们对新的技术和产品有深入的理解，也有足够的勇气去接受挑战。一旦他们的实验成功，那么这个产品或者服务就可以成为公司的主要收入来源。

第二，转型得有一个宏大的变革目标。绝对不能把这个目标定为要成为世界500强之类的，没有人会为一个公司工作，人们都是为这个社会工作。像优步、Facebook、谷歌这样的公司，它们的目标都是：我们要为这个社会做出什么样的贡献。

增长有极限吗

当你看到这部分内容时，相信你已经在思维能力上有了显著的提升。你开始能够从不同的角度来看待问题，而不是仅仅停留在表

面。对于那些曾经被你视为绝对的问题，你现在可能会感到一些疑虑。这并不是因为你对这些问题失去了信心，而是因为你开始意识到，世界并非非黑即白，很多事物都有其复杂性和多元性。这种变化可能会让你感到不安，但请记住，这是你的思维能力在提升，是你在创业或者想创业的过程中必须经历的阶段。

在经济学中，企业的增长通常被视为一种理想的状态，因为这意味着企业正在不断扩大其市场份额，提高其盈利能力，以及实现更高的经济价值。然而，实际情况可能会有所不同。

我们先来理解一下什么是"增长"。在这里，我们将"增长"定义为企业销售额或利润的提高。这种提升可能源于多种因素，例如企业的生产能力得到了扩大，它可能推出了新的产品或服务，或者它的运营效率得到了显著的提高。这些都是可能导致企业销售或利润增加的因素。

然后，我们需要理解为什么企业需要增长。在一个竞争激烈的市场环境中，企业需要通过增长来保持其市场地位。这是因为只有当一个企业的销售或利润持续增长时，它才能在市场中保持竞争力，吸引和保留更多的客户。此外，增长还可以帮助企业应对来自竞争对手的挑战。在竞争激烈的市场环境中，只有那些能够持续增长的企业，才能有足够的资源和能力去应对竞争对手的挑战。

最后，增长也可以帮助企业获得更多的资金，以支持其研发活动、市场营销活动以及其他重要的业务活动。这些活动是推动企业发展的关键因素，它们可以帮助企业开发新的产品或服务，提高生产效率，扩大市场份额，提高品牌知名度等。因此，增长对企业的发展至关重要。

虽然企业的增长对其生存和发展具有至关重要的意义，但这并不意味着企业的增长没有极限。实际上,许多因素都可能对企业的增长产生限制作用。例如,资源的有限性(如人力资源、财力和物力等)是企业增长的一个重要制约因素。企业在追求增长的过程中,必须合理利用有限的资源,确保其在各个方面的投入能够得到最大化的回报。

此外,市场竞争程度也是影响企业增长的重要因素。在激烈的市场竞争中,企业需要不断提升自身的竞争力,以适应市场的变化和满足消费者的需求。这就要求企业不断创新,提高产品和服务的质量,以及优化运营和管理流程,从而在竞争中脱颖而出。

同时,技术的变革速度也对企业的增长产生了重要影响。随着科技的不断进步,新的技术和创新模式层出不穷,为企业带来了更多的机遇和挑战。企业需要紧跟技术发展的步伐,及时调整自身的战略和业务模式,以充分利用新技术带来的优势,推动企业的持续增长。

此外,企业的增长也可能受到外部环境的影响。例如,政策环境的变化可能会对企业的运营造成影响;市场需求的变化可能会影响企业的产品和服务;以及全球经济的波动可能会影响企业的供应链和销售网络。

再者,如果企业一味追求增长,可能会带来灾难性的后果。

比如,某公司是一家初创企业,成立于2010年。起初,该公司专注于生产和销售高质量的家居用品。然而,随着市场需求的不断扩大,公司高层决定扩大业务范围,涉足更多领域。他们开始投资于房地产、金融和其他行业,希望通过多元化发展来增加公司的盈利能力。

然而,这一决策并没有带来预期的效果。由于公司在各个领域

都缺乏经验和专业知识，导致了管理混乱和资源浪费。公司的财务状况逐渐恶化，员工士气低落，客户流失严重。最终，该公司不得不宣布破产清算，数百名员工失去了工作。

因此，企业在追求增长时必须谨慎行事。盲目扩张可能会导致公司失去核心竞争力，无法在激烈的市场竞争中立于不败之地。相反，企业应该注重提升自身的核心竞争力，通过创新和优化运营模式来实现可持续发展。只有这样，企业才能在市场中立于不败之地，实现长期稳定的发展。

简而言之，如果企业没有充分的准备和战略规划，盲目扩大规模可能会导致严重的财务问题和业务失败。因此，企业在考虑扩大业务时，必须进行全面的市场研究和战略规划，以确保其增长是可持续和有盈利性的。

如何获得稳定的增长

稳定增长一直以来都是众多企业家梦寐以求的目标，然而，如何实现稳定增长却常常困扰着许多人。一般而言，对于一家大公司而言，要想获得稳定增长有很多途径，并且具备较强的抗压能力。这是因为大公司通常拥有更多的资源和资金，能够更好地应对市场波动和竞争压力。此外，大公司还拥有更完善的管理体系和运营模式，能够更好地规划和执行战略，从而实现稳定的增长。

然而，对于小公司或初创民营公司而言，稳定增长就显得有些力不从心。这是因为小公司往往面临着有限的资源和资金，以及更大的市场风险和竞争压力。在竞争激烈的市场中，小公司需要更加灵活和敏捷地应对市场变化，才能保持竞争力和持续增长。此外，小公司的管理和运营能力可能相对较弱，需要更加谨慎和精细地管理资源和运营业务。

因此，对于小公司或初创民营公司而言，稳定增长并非易事。稍有闪失就可能导致自己灰飞烟灭。

民营企业可以通过长期建设品牌优势，来实现稳定增长。品牌是企业的重要资产之一，对于民营企业来说尤为重要。在激烈的市场竞争中，拥有强大的品牌优势可以帮助企业在市场中脱颖而出，赢得消费者的信任和忠诚度。

首先，通过长期建设品牌优势，民营企业可以树立良好的企业形象和声誉。一个有信誉的品牌能够吸引更多的消费者，并建立稳定的客户群体。这些忠实的客户会成为企业的支持者和推荐者，为企业带来更多的业务机会和增长空间。

其次，品牌优势可以帮助民营企业在市场中建立竞争壁垒。当其他竞争对手进入市场时，拥有强大品牌优势的企业更容易吸引消费者的关注和选择。消费者对品牌的认同和信任会使他们更倾向于购买该企业的产品或服务，从而减少市场份额的流失，实现稳定增长。

此外，品牌优势还可以帮助企业降低成本和提高效率。通过长期的品牌建设，企业可以建立与供应商、合作伙伴和销售渠道的良好关系。这些关系有助于降低采购成本、提高供应链效率以及拓展销售渠道的多样性。同时，品牌知名度的提升也有助于企业更好地

进行市场营销和推广活动，进一步提高销售业绩和利润水平。

然而，要实现长期建设品牌优势的目标，民营企业需要注重品牌战略的制定和执行。这包括明确品牌定位、塑造品牌形象、提升品牌认知度等方面的工作。同时，企业还需要加强内部管理和员工培训，确保品牌理念贯穿于企业的各个层面和环节。

相对而言，小公司或民营公司只有在不断建立品牌优势时，才能不断获得投资人的青睐与市场的认可，也能为自己提升抗风险能力与抗压能力。随着品牌优势的建立，公司才能不断获得持续增长的基因与推动力。

比如，有一家专门生产和销售高品质咖啡豆的企业。他们从一开始就非常注重自己的品牌形象建设，通过精心策划的营销活动和高质量的产品，成功地塑造了自己的品牌形象。他们的咖啡豆在市场上享有很高的声誉，深受消费者的喜爱。

然而，仅仅依靠品牌知名度并不能保证企业的持续增长。因此，他们开始寻找其他的增长点。他们发现，虽然自己的产品品质高，但是价格相对较高，这在一定程度上限制了销售。于是，他们决定通过提高生产效率和优化供应链管理来降低成本，从而降低产品价格。

同时，他们也意识到，要想在竞争激烈的市场中脱颖而出，就需要不断创新。因此，他们投入大量的资金进行研发，开发出了一系列新的咖啡品种，满足了消费者的多样化需求。

通过这些努力，这家小企业的销售额得到了显著的增长。他们的品牌影响力也进一步提升，成为市场上的一股重要力量。

有个小企业的品牌成立于2010年，起初只是一家专注于生产和销售运动鞋的小型企业。然而，随着市场竞争的加剧，这家小企业意识到仅仅依靠产品质量和价格优势已经无法满足市场需求。于是，他们着手打造自己的品牌形象，以期在市场上脱颖而出。

首先，这家小企业对产品进行了重新定位，将目标市场锁定在年轻人群体上。他们深入了解这一群体的需求和喜好，设计出独具特色的运动鞋款式。同时，他们还注重产品的功能性和舒适性，以满足消费者对运动鞋的多元化需求。

其次，这家小企业在营销策略上进行了创新。通过利用社交媒体平台，与年轻消费者建立紧密的联系，了解他们的反馈和建议。此外，这家小企业还与一些知名的时尚博主和明星合作，通过他们的影响力来提升品牌形象。

最后，这家小企业注重售后服务，为消费者提供全方位的支持。他们设立了专门的客户服务热线，解答消费者的疑问和问题。同时，他们还推出了一系列的会员福利活动，如免费换货、优惠券等，以提高消费者的忠诚度。

经过一段时间的努力，这家小企业的品牌形象逐渐树立起来，吸引了越来越多的年轻消费者。随着市场份额的不断扩大，销售额也实现了持续增长。如今，这家小企业已经是行业内的佼佼者，其品牌影响力也日益凸显。

简单来讲，只有建立品牌优势，并通过这种品牌优势不断发力，才能为自己提供源源不断的动力来源。

你也需要注意一点，要想实现增长，眼睛就不能只盯住"增长"。

企业可以不增长吗

曾经，我的一位朋友向我提出了一个问题。他设想了一个场景：假设现在有一家企业，经过一段时间的稳健增长和发展，它已经成功占据了市场的一定份额，每年都能稳定地获得可观的利润。在这样一个阶段，企业是否可以选择不再追求增长？因为它已经有了稳定的收益，客户群体也已经相当稳定。如果企业想要继续发展，只能选择去开拓新的市场。然而，新市场往往伴随着风险，可能会给企业带来损失。

简单来说，这位朋友的疑问就是：当一个企业已经有了稳定的收益时，是否一定需要寻求增长呢？

面对这个问题，我当时给出了一个明确且坚定的回答：是的！必须！毫无疑问！企业必须追求增长！

公司需要增长，这是任何一家公司都面临的挑战。如果一家公司的增长速度放缓或者停止，那么它的股价就不会有显著的提升。这是因为投资者会认为这家公司的未来发展潜力有限，因此不愿意为其股票支付更高的价格。在这种情况下，公司给股东提供的唯一价值就是分红。

然而，分红并不是一个稳定的收入来源。因为公司的盈利能力会受到许多因素的影响,包括经济环境、市场竞争、政策变化等。如果这些因素发生变化,公司的盈利能力可能会下降,导致分红减少甚至没有分红。此外,即使公司能够持续分红,其分红金额也可能会低于投资者的预期,从而影响投资者的投资回报。

如果你只是想通过投资股票获得稳定收益,那么你可能会觉得在银行购买理财产品更为可靠。银行的理财产品通常具有较低的风险和较高的收益稳定性,而且你可以随时赎回资金。相比之下,股票市场的波动性较大,投资者需要承担一定的风险才能获得可能的收益。

实际上,绝大多数上市公司的分红/股价比都大大低于银行利率。这意味着投资者认为眼前的分红并不重要,更重要的是公司未来的增长潜力。只有那些具有强大增长潜力的公司,才能吸引投资者继续持有其股票,从而提高股价。因此,对于投资者来说,关注公司的长期增长潜力而非短期分红是更为明智的选择。

更为重要的是,商业世界是一个永不停息的竞争舞台。在这个舞台上,企业必须不断地进步和发展,否则就会被竞争对手超越。假设一家企业有五种不同的业务,它们不可能都处于稳定的状态。在现实的商业环境中,可能有两种或三种业务表现相对稳定,而另外两种业务则正在经历下滑的趋势。

在这种情况下,企业需要确保至少有一项业务是持续增长的。即使这样,也只能保证公司的利润总体上保持稳定,而不能保证企业的长期繁荣。这就是说,所谓的"稳定"都是动态的,是在这个地方损失一些利润,在那个地方赚取一些利润,通过这种不断调整和平衡,才能勉强维持公司的运营。

然而,如果企业没有增长点,所有的业务都是勉强维持的状

态,那么这就非常危险了。因为在这种情况下,企业无法有效地抵抗市场的变化和竞争的压力,一旦遇到任何不利的因素,就可能导致企业的崩溃。因此,对于任何一家企业来说,找到并保持自己的增长点,是保持竞争力、实现持续发展的关键。所有公司都必须有增长战略,这是确保企业持续发展和壮大的关键。即使像麦当劳这样的成功企业,也必须不断寻求增长的机会和方法。

经过仔细研究,麦当劳目前的增长战略主要包括两个方面:一是连接文化的品牌营销,二是连接数字的支付和配送手段。

在品牌营销方面,麦当劳注重与当地文化的融合,通过与当地社区、艺术团体等合作举办各种活动,让品牌形象深入人心。这种连接文化的品牌营销策略不仅能吸引更多消费者的关注和认同,还能提升品牌的价值和影响力。通过这种方式,麦当劳得以在竞争激烈的市场中脱颖而出,保持品牌的持续吸引力。

另外,麦当劳也在数字化领域进行了积极的探索和创新。通过引入先进的支付技术和便捷的配送服务,麦当劳实现了线上线下的无缝衔接,为消费者提供更加便捷和个性化的购物体验。这种连接数字的支付和配送手段不仅提高了企业的运营效率,还增强了客户忠诚度和口碑效应。随着移动支付和外卖服务的普及,麦当劳有望进一步扩大市场份额,实现持续增长。

每一位企业家,都是英雄,他们就像是《爱丽丝梦游仙境》里红皇后说的那样:"只有不断向前奔跑,才能停留在原地。"如果他们不再向前奔跑,不再努力,企业不再追求增长,那么他们面对的,必然是被淘汰的命运。他们无法躺平,只能不断在一次次地被击倒后又重新爬起来,擦干身上的灰尘,继续上路。

向每一位这样的企业家致敬。

第十章

发展的底层逻辑

企业只有一种发展模式吗

当谈论企业发展时，我们可以从一部备受赞誉的日本电视剧《寿司之神》中得到启示。这部纪录片聚焦于一位杰出的厨师——小野二郎。他在寿司制作领域拥有卓越的技艺，并因此获得了"米其林三星厨师"的荣誉，使他在日本享有盛誉。

然而，他的餐厅却非常小，只能容纳十几位顾客。每天只提供午餐和晚餐，每天最多接待30位客人。尽管如此，这家餐厅却被誉为世界上最成功的餐馆之一。

小野二郎的寿司套餐非常独特，每位客人一顿饭只能品尝到大约15个寿司。他坚持使用现做现吃的食材，没有酒水或其他小菜可供选择。这种简单而精致的菜品组合使他的餐厅成为独一无二的体验，吸引了无数食客前来品尝。令人惊讶的是，一个座位的价格甚至高达3万日元起！

毫无疑问，小野二郎身上流淌着独特的"工匠精神"，他凭借精湛的技艺和对美食的极致追求而闻名于世。他的寿司店在经过多年的努力经营后，如今已经蒸蒸日上，声名远播。正是由于他对美食的独特见解和执着追求，才使这部纪录片得以诞生，让更多人了解并欣赏到他的美食艺术。

当时，许多人可能会感到疑惑：为什么他不多开几家分店，扩大自己的经营规模，提高知名度呢？

因为小野二郎的寿司店根本不缺顾客，甚至要吃他的寿司要提前一个月预约。

大部分餐厅在面对如此庞大的顾客需求时，自然会考虑投资回报率。然而，如果我们不借助于杠杆效应，那么我们就需要思考如何提高资产的回报率。如果要进行详细的分析，我们就要努力将销售利润率提高到一个较高的水平。同时，我们还需要关注资产的使用效率，将其发挥到极致。

假如我们按照上述的思路迈出了第一步，那么这个故事就会发生戏剧性的转折，从而变成另一个完全不同的故事。首先，我们需要深入思考一下这个问题：为什么小野二郎寿司的本店总是一位难求，这背后的原因究竟是什么？答案就是它的经营模式。小野二郎寿司采用了一种精心选料、精心制作的方式，将平生50年的历练都融入了每一个亲手做出来的寿司之中。这种对品质的极致追求，使小野二郎寿司在市场上独树一帜，赢得了众多食客的喜爱。

然而，如果小野二郎寿司想要进一步扩大市场份额，满足更多顾客的需求，那么就必须面临一个重大的选择：是保持原有的小规模经营，还是扩大店面规模，甚至开设更多的分店、连锁店和加盟店呢？这是一个需要深思熟虑的问题。如果选择扩大规模，那么就需要培养出更多的徒弟，传承小野二郎寿司的手艺。同时，还需要提炼出一整套有助于控制质量的标准化生产模式，实现产品的均质化。这样，才能在保证品质的同时，满足更多顾客的需求，让小野二郎寿司的事业更上一层楼。

如果你打算选择这样的道路，那么小野二郎自己通过实践和经

验积累出来的独特技艺，他的徒弟可能会非常难以掌握。在电影的情节中，小野二郎的长子曾经说过一句令人深思的话。他提到，"我们所运用的技术并非某种神秘的、无法传递的锦囊妙计，我们只是每天不断重复地投入努力"。然而，有些人天生就具备某些特殊天赋的，比如对味道、气味有敏锐的感知能力。这就是我们常说的"天赋"。

在这个行业里，只要你足够专注和认真，你的技艺就会逐渐熟练起来。但是，如果你想在这个领域取得显著的成就，那么你就需要拥有这种天赋，而剩下的就要看你是否愿意付出更多努力了。

在竞争激烈的市场环境中，企业需要不断寻找创新的方式来提升自身的竞争力。对于一些有独特手艺的人来说，开设小型店铺可以成为他们实现创业梦想的途径。由于其独特的技艺和产品，这家小店在市场上往往能够脱颖而出，吸引更多的顾客。同时，由于店铺规模较小，管理成本相对较低，因此，可以将更多的精力放在提高销售利润率上。通过精细化的经营和管理，店主可以更好地控制成本、提高产品质量，从而实现更高的利润回报。

开设一家小型店铺，实际上，在策略上更注重销售利润率的提高。这是因为通过独特的手艺技能，可以获得非常高的回报。因此，这种经营方式的背后其实是追求一种"竞争效率"的理念。而选择开设连锁店或大型店铺这样的策略，所追求的则是一种运营上

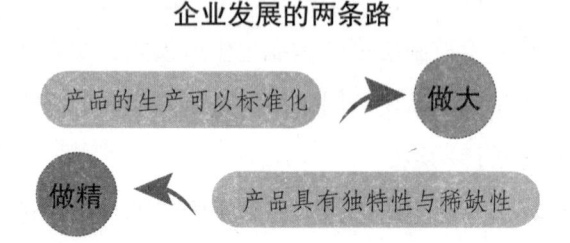

企业发展的两条路

产品的生产可以标准化 → 做大

做精 ← 产品具有独特性与稀缺性

的"规模效应"。而后一种路径的企业发展，依靠的不仅仅是一门手艺，更是一种全面的运营能力。

因此，当你的企业或事业具有一定规模之后，你其实不一定非得扩宽市场，专精于当下，形成一个独特的品牌，也是一种不错的选择。

大企业如何可持续性发展

企业一旦做大之后，会面临许许多多的问题与挑战，如何保持可持续发展便成了一个值得认真对待的问题。我们可以从华为的一个案例中找到这个问题的答案。最重要的是，商业界的所有案例都不是照抄答案，而是从答案中摸到其底层的逻辑，做到一通百通。

在华为的众多可持续发展项目中，有一个项目特别引人注目，那就是TECH4ALL数字包容。这个项目的名字本身就充满了深意，它象征着华为希望通过技术的力量，让全球范围内的每一个人都能平等地享受到数字技术的便利。

TECH4ALL项目的核心理念是"不让任何一个人在数字世界中掉队"。这是一个非常宏大的目标，它意味着华为希望打破数字鸿沟，让每一个人都能在这个数字时代中找到自己的位置。这个口号不仅表达了华为的企业使命，也展示了其对社会公平和公正的坚定承诺。

虽然表面上看起来TECH4ALL是一个"做好事"的项目，但是，如果你深入观察，就会发现其中蕴含了许多巧妙的设计。首先，华为利用其在信息通信产业中的技术优势，研发出了一系列易于使用、功能强大的数字产品和服务。这些产品和服务不仅可以帮助用户更好地获取和使用数字技术，还可以帮助他们提升技能，增强竞争力。

华为公司首先认识到，仅凭自身的力量去实现目标和愿景是远远不够的。因此，他们决定借助外部资源，运用"杠杆"原理来推动自己的发展。而要成功邀请他人加入并共同努力，华为需要采取一种更加开放、包容的态度。

在TECH4ALL项目中，华为从17个联合国可持续发展目标中精心挑选了四个关键领域作为发力点。这些领域包括促进健康福祉、提供平等优质教育、实现均衡发展和保护环境。华为将致力于在这些关键领域取得突破性进展，确保人们不会在数字世界中被边缘化或掉队。

为什么要选择这四个领域呢？这是因为联合国为了实现全球可持续发展的目标，已经组建了许多非政府组织（Non-Governmental Organization），每个国家都有数百个甚至上千个这样的组织。它们与当地社会紧密合作，了解当地的需求和挑战，因此能够为华为提供宝贵的支持和协助。

通过与这些非政府组织的合作，华为可以整合各方力量，形成强大的联盟。这种力量整合将为华为的发展带来巨大的动力和机遇。同时，这也体现了华为对社会责任的承担和对全球可持续发展的承诺。

其次，光有目标的包容还不够。华为不仅致力于实现目标，还采取了第二项重要举措,将与自身利益相关联的所有各方转化为合作伙伴,并邀请他们共同参与项目。为了更好理解这一做法,我们可以通过一个具体案例来说明。

在 2020 年,非洲塞内加尔的学校因疫情而停课。联合国教科文组织(UNESCO)意识到了这一问题的严重性,决定采用网课的形式来降低疫情对当地教育的影响。然而,任何计划都难以跨越最后一公里的挑战。由于教科文组织总部位于巴黎,要将数字教育项目落地,实施起来颇具难度。在这个关键时刻,华为挺身而出,承诺利用自身的技术优势来帮助教科文组织顺利推进项目。

然而,对于华为而言,这个项目同样存在一些挑战。其中最大的难题在于项目的设计方面。与商业项目不同,在数字教育项目中并没有明确的用户需求和需求规格。因此,华为面临着缺乏具体的实施路径和指导方针的问题。

面对这一困境,华为积极寻求解决方案。他们与教科文组织密切合作,通过深入沟通,在全面了解当地教育需求的基础上,共同制定了一套详细的项目实施规划。华为充分发挥自身的技术实力和创新能力,为教科文组织提供了全方位的技术支持,确保项目的顺利实施,并实现效果的最大化。

比如说,华为是选择帮助 10 所学校,还是帮助 100 所学校?其中的差异可以说是天壤之别。再比如,你的设备能否被当地学校所接受,这也是一个需要关注的问题。另外,如何与当地的教师进行有效的沟通和合作,也是一个不小的挑战。有可能学校的校长对华为的加入表示欢迎,但教师却对此表示抵触,因为华为的出现改变了他们一直以来用黑板和粉笔教学的习惯。那么,培训工作应该如何开展,这些都是未知数,需要我们一一解决。

面对这些问题，华为采取了一种独特的解决方案：那就是让有能力解决问题的人都加入到项目中来，通过共创的方式推动项目的进展。对于当地学校的实际情况，教育部门是最清楚的。因此，项目组首先找到了塞内加尔国民教育部，邀请他们参与到项目中来；其次，运营商对偏远地区的特点了解得最清楚，因为他们每天都在这些地方奔波跑业务。所以，华为又找到了当地的运营商 Sonatel，并帮助他们搭建起网络设施。

这三家单位，再加上联合国教科文组织，四方共同合作，使这个项目最终得以顺利推进。自 2020 年 8 月以来，已经有 200 名中小学的核心教师接受了远程教学所需的数字技能培训。华为预计，最终将会有 10 万名塞内加尔学生从中受益。

你会发现，华为在实现可持续发展的过程中，采取了一种特别重要的策略，那就是"组局"。这个策略的核心在于，通过将非政府组织、当地教育部门、运营商伙伴以及内部的一线部门等各方力量紧密地结合在一起，形成一个强大的合作网络。

在这个网络中，非政府组织负责了解和把握社会的需求；当地教育部门则负责提供相关的信息和资源；运营商伙伴则拥有广泛的网络资源和技术支持；而内部的一线部门则掌握着技术和人力资源。当这些力量被聚集在一起，形成一个有机的整体时，就能够发挥出超乎想象的协同效应，撬动原本无法触及的力量，实现那些本来难以完成的伟大事业。

为了实现这一目标，华为高层始终发挥着关键的作用。他们以开放的心态包容各方的目标，为合作伙伴提供服务和支持，同时把最终的决策权交给一线部门。这种自上而下的管理模式，使华为能够更好地调动各方的积极性和创造力，形成一个高效运作的组织体系。

因此，可以说，华为在实现可持续发展的道路上，成功打造了一种强大的组局能力。这种能力不仅让华为在全球市场上取得了卓越的成绩，还为其在未来的发展奠定了坚实的基础。

企业扩张前需要做些什么

所有的企业都渴望实现快速的业务增长，这是企业发展的普遍目标。然而，如果企业在还没有稳固的基础的情况下就急于扩张，那么，这样的行为很可能会导致企业的失败。因此，企业在决定扩张之前，需要确保已经建立了一个坚实的基础。

通过以下四点，或许我们可以找到该如何建立这样的基础。

首先，创始人的愿景对企业发展具有至关重要的作用。一家创业公司的成功与否，往往取决于创始团队对如何解决一个既定问题的设想是否切实可行。这个设想可以是一个创新的产品或服务，也可以是一个颠覆性的商业模式。然而，无论这个设想是什么，它都必须建立在一个坚实的基础之上。

这个基础包括了创始团队的专业技能、行业经验以及对市场的深刻理解。只有在这个基础上，创业公司才能够制定出一套行之有效的战略和计划，从而在激烈的市场竞争中脱颖而出。因此，对于一家公司来说，拥有一个坚实的根基是至关重要的。

例如，2008年在旧金山的一次重要演讲中，Facebook的创始人马克·扎克伯格表达了他的愿景。他希望在未来几年内，人们分享给彼此的信息量能够实现显著增长。具体来说，他预测道："我希望明年人们分享给彼此的信息是今年的两倍。"这意味着，在短短一年时间内，人们将比现在多分享两倍的信息量。

扎克伯格的这一愿景并非空想，而是源于他对社交媒体未来发展的信心。他认为，随着科技的进步和互联网的普及，人们之间的沟通和信息交流将变得更加便捷和高效。因此，他鼓励人们充分利用这个平台，分享自己的想法、感受和生活点滴。

此外，扎克伯格还进一步展望了未来几年的情况。他表示："后年他们分享的信息是明年的两倍。"这意味着，随着时间的推移，人们在社交媒体上分享的信息量将呈现出指数级的增长。这种趋势将为人们提供更多的机会来了解世界、结识新朋友以及拓展人际关系。

其次，我们需要在创业过程中打造一个在市场上能够持续增长的创意。这一点至关重要，因为只有当创业内容是一个具有增长潜力的创意时，我们才能够在激烈的市场竞争中脱颖而出，实现长期的成功。

这个创意必须包含两个关键因素：可预期的规模经济和巨大的广义市场。规模经济是指随着组织规模的扩大，单个商品的成本会逐渐降低。许多产业最终都会发展成为规模经济，但在早期阶段，为了吸引用户，很多公司经常需要通过赔本的方式进行推广。然而，一旦创业成功并实现增长，创业者就需要考虑如何降低总成本，以提高盈利能力。

另一个需要考虑的因素是巨大的广义市场。创业公司可以选择一个被大企业忽视的新兴小市场作为切入点，但最终的市场容量必须足够大，以支撑公司的长期发展。这意味着创业者需要深入了解市场需求，找到那些尚未被充分开发的领域，以便为自己的创意找到一个有利的市场环境。

传奇投资人提姆·德雷珀曾表示："市场规模是我最喜欢的投资标准之一。"他曾是 Hotmail 的早期投资者，对市场容量的重要性有深刻理解。他认为，如果一家公司能够获得最大的市场占有率，那么它的市值将会有多大？因此，在创业过程中，我们需要始终关注市场规模的变化，以确保我们的创意能够在市场中持续创造价值。

再次，开发的新产品可以满足用户需求。为了确保新产品能够满足用户的需求，我们需要关注两个方面。首先，我们要"知轻重"，将注意力集中在服务和产品上。在风险投资领域，有一句著名的老话："最好的技术很少能赢。"这句话意味着，如果一款产品没有为用户提供足够的价值，那么投资的资金很可能会被浪费。因此，在开发新产品时，我们需要确保产品能够为用户带来实际的价值。

我们对自己的产品提出更严格的要求，这样才能让用户满意。投资人唐纳德·琼斯在面对创业者时，经常会让他们明确说出自己创意的"利好因素"。他认为这么做能帮助他弄清楚创业者提出的解决方案与市场上已经存在的解决方案相比有多少进步。唐纳德认为，新的解决方案至少要比现有的方案好三倍，才能吸引用户改变他们的选择。毕竟，让人们做出改变是非常困难的，人们实际上比你想象的更懒而且更不愿意改变。因此，仅仅比现有解决方案好一点点的方案，一般很难改变用户的选择。在未来市场中，对新产品

的"利好因素"可能会要求更高。

为了应对市场的挑战和满足用户的需求，我们需要不断创新和优化产品。在这个过程中，我们要时刻保持敏锐的市场洞察能力，了解用户的真实需求，以便更好地满足他们的期望。同时，我们还要不断学习和借鉴行业的最佳实践，以提高产品的竞争力。只有这样，我们的新产品才能真正赢得市场和用户的认可。

最后，交互体验的第一印象对于用户的留存起着至关重要的作用。美国著名作家威尔·罗杰斯曾经说过一句名言："你没有第二次机会来留下第一印象。"这句话强调了第一次互动体验的重要性，也提醒我们在设计产品时必须注重初次用户体验。

为了提升初次互动体验，书中提出了一些有效的方法，其中最关键的一点就是设置限制，以控制用户。通常情况下，通过对产品增加限制，可以保障产品的核心体验是积极的。这就好比一款设计良好的游戏，用户一定是很容易上手的，游戏的复杂度和难度会逐渐增加。这样的设计既保证了用户的初次体验是积极的，也不会让用户很快对游戏感到厌倦。

企业要不要多元化发展

关于企业是否应该进行多元化的问题，在管理学中有一个专门的研究领域，它被称为"公司战略"（Corporate Strategy）。这个概

第十章 发展的底层逻辑

念主要指的是企业在各个行业中的业务布局和发展方向。如果一家公司的业务涉及多个不同的行业，那么它在总体层面上的战略选择就需要遵循"多元化战略"的思路。

那么问题来了，企业为什么要多元化发展呢？

首先，在企业成功之后，机会会像雪球一样越滚越大。这是因为你的成功吸引了更多的关注和投资，使你有更多的资源和能力去抓住更多的机会。

其次，多元化能够有效地分散风险。当你的业务开始向多个方向发展，不再局限于单一的领域或市场时，你的业务风险就会被分散开来。这是因为，不同的业务领域和市场都有其独特的风险和机遇，当这些风险和机遇相互交织时，你可以通过多种方式来应对和利用这些风险，从而降低单一业务带来的风险压力。

这种多元化的好处就像那句有名的谚语所说的："不要把鸡蛋放在一个篮子里。"这句话反映了多元化的一个重要理念，那就是不要把所有的资源和机会都集中在一个地方，而应该尽可能地分散开来，以减少潜在的风险。

最后，不同业务之间可以产生协同效应，实现"1+1>2"的效果。这是因为不同的业务往往有其互补的特性，通过合理的资源配置和业务整合，可以实现业务的协同发展，提高整体的业务效率和效果。例如，一家企业可能在不同的业务领域都有投资，这些投资可能在某些方面相互关联，通过协同发展，可以实现资源的优化配置，提高整体的竞争力。

选择多元化发展之后，该如何配置资源与人力呢？

对于明星业务，应当大力发展。明星业务通常具有较高的市场知名度和用户黏性，能够为我们带来稳定的收入。因此，应该加大

投入，提升其市场份额和品牌影响力，以实现业务的持续增长。

对于瘦狗业务，要谨慎考虑是否应该放弃。瘦狗业务通常意味着较低的盈利能力和市场前景，投入的资源可能难以收回。在这种情况下，需要对公司的整体战略进行评估，权衡利弊，决定是否将有限的资源从瘦狗业务中撤出，以便更好地投入到更有发展潜力的领域。

对于金牛业务，要抓紧收割。金牛业务通常是指那些已经取得成功并具有稳定现金流的业务，它们为公司提供了稳定的收益。在竞争激烈的市场环境中，需要抓住机会，充分利用现有的优势，实现业务的持续增长和盈利。

对于问号业务，需要明确是否应该大力投入。问号业务通常是指那些具有潜力但尚未完全明朗的业务，需要对其进行深入研究和分析，以确定其未来的发展前景。在明确其价值后，可以根据公司的战略目标和资源状况，决定是否将其纳入重点发展的领域。

企业发展的道与术

在每个企业中，实际上都存在着一个被称为"道"的理念，这个"道"是企业在运营过程中所追求的终极目标，以及需要坚持的核心价值观。这些核心价值观可能包括用户至上、服务优先等。这些理念和价值观构成了企业的"道"，它们是企业的灵魂和方向，是企业在发展过程中的指引。

另外,"术"则是指为了实现这些"道"而采取的各种策略和方法。换句话说,"术"是为了达到"道"而采取的具体行动方案。这些行动方案可能包括产品设计、市场营销、团队建设等各种具体的操作手段。

"道"是企业的准则,它决定了企业的发展方向和价值观;而"术"则是实现这些准则的手段和方法,它是企业为了达到目标而采取的行动方案。两者缺一不可,只有明确了"道",并采取有效的"术",企业才能在竞争激烈的市场环境中立足。

在企业的发展过程中,"道"与"术",如同企业的"战略"与"战术",必须始终保持一致。如果它们保持一致,那么,它们将形成一种强大的飞轮效应,这个效应能够推动公司持续稳定地发展。无论是在业务拓展、团队建设还是市场推广等方面,都能取得越来越好的效果,就像飞轮一样,越转越快,越转越顺。然而,如果这两个方面出现不一致,就可能导致企业出现问题,甚至可能引发危机。

瓜子二手车(以下简称:瓜子)是行业领先的互联网二手车交易服务平台。在刚刚起步时,瓜子有一套独特的算法,用于对内部的每一辆车进行评估。这套算法将车辆分为A、B、C、D四个档次,其中A档被认为是最好的评级。

然而,不久之后,瓜子发现有一部分A档和B档的车辆被车商注意到了。这些经验丰富的车商迅速采取行动,将这些车辆收购了。这是因为相对于普通的个人买家来说,车商具有更丰富的经验和更深入的行业知识。当他们看到车辆的几十张照片,以及包含259项检测数据的详细信息时,他们能够迅速地计算出,如果将这

些车辆收进来，然后转手卖掉，他们可以获得多少利润。

瓜子的领导层在当时就认识到，如果持续这种状况，即使我们能够达到每月销售10万台的目标，又有什么意义呢？这并不能为消费者创造价值。如果消费者购买的都是C档或D档的车，那么瓜子的发展前景将非常有限。作为一个商业模式，如果没有成功，就无法持续发展下去。

广告确实在一定程度上可以提升流量和销量，但未来的发展仍然需要依靠用户体验和口碑。这是当时让瓜子团队感到非常痛苦的事情。为了打击车商，瓜子团队尝试了很多方法。他们跟踪车商的Cookie（储存在用户本地终端上的数据），并追踪他们的电话记录。如果发现电话拨打频率很高、浏览不同价位的车型，瓜子就会将其视为疑似车商，并限制其访问权限。在打电话预约时，他们会将个人用户的预约排在前面。

为了进一步打击车商，瓜子还组织了一支纠察大队到各个地方进行访谈。如果他们发现销售人员主动向车商推销车辆，瓜子会重点关注这些销售人员。通过这些措施，瓜子希望能够净化销售环境，保护消费者的权益，提供更好的购车体验。

2017年，瓜子的领导层决定召集全国各地的城市经理到北京进行一次例行的半年总结会议。在这次会议上，领导层明确表示，瓜子必须解决这个问题，这个问题的重要性不容忽视。然而，令人诧异的是，尽管瓜子面临的问题是至关重要的，但所有城市经理的表情却显得茫然无措，完全缺乏应有的兴奋和热情。

这个现象让领导层感到困扰，因为他们期待的是一种积极的态度和对问题的热切关注。于是，领导层开始质疑现行的领导方式，是否没有正确地传达这个问题的严重程度。如果不能激发瓜子团队的热情和动力，那么极有可能无法有效地解决这个问题。因此，在会议上强调了这个问题的重要性后，领导层鼓励团队成员积极参与讨论，并寻找解决方案。

后来，公司的领导层逐渐察觉到了一个问题。从"术"的角度来看，将车辆卖给车商无疑会更快实现销售目标，因为每个城市经理都渴望能够卖出更多的车辆，从而取得更好的业绩。然而，在追求"道"的层面上，瓜子二手车平台又必须努力确保将最好的车辆卖给个人用户，而不是车商。换句话说，"道"和"术"之间存在着一种矛盾和冲突。

"道"代表着公司的核心价值观和使命，它要求瓜子二手车平台致力于为用户提供高品质的二手车交易体验，让个人用户能够以合理的价格购买到满意的车辆。这种价值观的追求驱动瓜子平台不断努力优化服务流程、提高车辆质量，并加强与用户的沟通与信任。

而"术"则强调快速的销售策略和市场份额的争夺。车商作为瓜子的重要合作伙伴，他们能够通过自己的渠道和资源迅速将车辆推向市场，为公司带来更多的销售机会。因此，每个城市经理都希望能够通过与车商的合作实现销售目标，获得更好的业绩表现。

然而，在追求"道"的同时忽视了"术"，可能会导致公司在市场竞争中失去优势。毕竟，快速的销售速度和市场份额的增长是公司可持续发展的重要因素之一。如果只注重"道"，而忽略了"术"，那么公司可能会错失一些重要的商机和用户群体。

任何一个伟大的商业模式，不管是沃尔玛、亚马逊、淘宝都是一样的，它们符合两个特征：大幅提升了行业的效率、消费者有更大的收益。瓜子当时是做到了第一步。当时二手车这个市场交易量

达 1000 多万辆，大概有 15 万车商，人均不到 100 台，是非常分散的市场。而瓜子的互联网打法，包括使用算法定价等，效率明显要高出很多。

传统车商的销售一个月大概卖 3 辆车，瓜子的销售一个月能卖 15 辆车。而且瓜子的获客成本比普通车商要低，售卖周期也更短。因此，不管是收益还是效率，瓜子都是倍数级的。这种情况下，对卖家而言，如果市场上大概率瓜子的报价比车商高，就会积累口碑。因此，瓜子采取了报价比车商更高的方式，自己把车收进来，让车商无法再通过收瓜子的二手车赚差价，慢慢解决了二手车商大肆收车的现象。

因此，瓜子采取了报价比车商更高的方式，自己把车收进来，让车商无法再通过收瓜子的二手车赚差价，慢慢解决了二手车商大肆收车的现象。

实际上，如果你的"道"指向了某个方向，那么你的"术"，即你的方法和策略，应该与你选择的"道"相一致。这是因为，只有当你的行动和你的信仰、理念是一致的，你才能在追求目标的过程中保持坚定不移的决心和毅力。这样，无论你面对什么样的困难和挑战，都能够坚持下去，因为你知道自己正在走向正确的道路。因此，如果这个方向毫无疑问是对的，那么你应该毫不犹豫地沿着这个方向前进。

第十一章
创新的底层逻辑

什么是好的创新

什么是创新？什么又是好的创新？

比如，我现在告诉你，我有一个伟大的想法，我想把人类送上火星。

这不叫创新，这叫作白日梦。

再比如，我跟你说，我想通过具体的方式，把人类送上火星。要想通过这种方式，我们需要对载人飞船做一些技术上的调整，而这种技术，我刚好知道。这才叫创新。

管理学之父彼得·德鲁克曾提出了一个独特而深刻的观点，关于什么是好的创新。他认为，真正的优秀创新应该是简单明了且目标明确的。这样的创新不仅易于理解，而且能够为大众提供实际帮助，让人们明确知道它的作用和价值。正因为这些特点，这种创新往往会取得快速的发展，并且迅速传播开来。

德鲁克的这一观点强调了创新的核心要素。他提醒我们，在追求创新时，不应过于复杂或晦涩难懂。相反，我们应该努力将创新思想简洁化、清晰化，使其易于被理解和接受。只有这样，才能让更多的人参与到创新的过程中来，共同推动创新的发展。

德鲁克的观点进一步强调了，一个成功的创新项目必须设定明确的目标。这不仅仅是指创新者需要明确知道他们想要实现的具体结果，而且还需要明确理解如何通过他们的创新策略和行动来实现这个目标。这种对目标的清晰理解和规划，使创新者能够有更明确的前进方向，避免在创新过程中迷失方向或者陷入无目标的探索。

此外，设定明确的目标也有助于激发更多人的积极性和创造力。当人们清楚地知道他们的努力将会带来什么具体的结果时，他们就会更有动力去投入自己的精力和才能。同时，明确的目标也可以作为团队协作的基础，帮助团队成员更好地协调他们的行动，形成合力推动创新的发展。因此，无论是对个人还是团队来说，设定明确的目标都是推动创新成功的重要因素。

反过来说，如果有一种概念，听起来很炫酷，但是没人知道它确切是什么，内涵很复杂，那充其量只是一个未来愿景，那不是创新。实际上，真正的创新应该是有明确的目标和实现路径的。

创新不应仅仅停留在未来，而应当注重在当下进行。这句话的含义是，我们应该关注的是能够解决当前问题的创新，而不是那些可能在未来才会出现的创新。换句话说，创新并不是一个遥远的概念，而是与我们的日常生活紧密相连的。

当我们说"未来不是想象出来的，未来是通过解决当下问题而创造出来的"，我们是在强调创新的重要性和必要性。我们不能仅仅停留在对未来的设想和期待上，而是应该将注意力集中在解决眼前的问题上。只有这样，我们才能真正地推动社会的进步和发展。

因此，我们应该鼓励那些能够解决当前问题的创新，而不是那些可能会在未来出现但目前还无法解决的问题的创新。这样的创新才是真正有价值的，因为它们能够直接影响我们的生活，帮助我们解决实际问题，提高我们的生活质量。

目标感是创新成功的关键因素之一。它是指创新者对创新项目或产品的清晰理解和明确期望。没有目标的创新往往表现为盲目的尝试和探索，缺乏对结果的预期和规划。这就像是一艘没有航向的船，虽然可能会在某些地方遇到风浪，但最终很难到达目的地。

这样的例子还有很多，再比如，特斯拉公司在电动汽车领域的创新也曾经遭遇过失败。特斯拉公司在推出 Model 3 电动汽车时，试图通过大规模生产降低成本，提高销量。然而，由于缺乏明确的目标，特斯拉公司并未充分考虑到电动汽车的充电设施问题，导致消费者在使用过程中面临诸多不便，最终影响了销售。

因此，无论是在科技创新还是在产品开发中，都需要有明确的目标。只有明确了目标，才能制定出有效的策略，才能更好地满足消费者的需求，从而实现创新的成功。

创新的底层公式

创新的底层公式是连接，是将两个旧有的技术或概念拼接到一起，从而实现"1+1＞2"的突破。这个公式强调了创新的本质是通过将不同的元素进行融合和结合，创造出新的价值和可能性。

在现代社会中，创新已经成为推动社会进步和发展的重要动力。而要实现创新，就需要打破传统的思维定式，勇于尝试新的方法和理念。连接是一种非常重要的思维方式，它要求我们将看似不相关的事物联系起来，寻找它们之间的联系和共同点。通过连接，我们可以找到不同领域之间的交汇点，从而创造出全新的解决方案和创意。

旧观念与技术 ＋ 旧观念与技术 ＝ 创新

连接不是简单的叠加，而是通过深入思考和理解，找到两个旧有技术或概念之间的契合点，进而实现协同作用。这种协同作用可以使两个元素相互补充、相互增强，从而达到"1+1＞2"的效果。例如，在科技领域，将人工智能与大数据相结合，可以更好地挖掘数据背后的价值，为人们提供更加智能化的服务；在艺术领域，将传统绘画与现代科技相结合，可以创造出更具创新性和观赏性的作品。

然而，要实现成功的连接并不容易。这需要我们具备开放的心态和广阔的视野，不断学习和积累知识，培养自己的创新能力和思维灵活性。同时，也需要勇于挑战传统观念和固有模式，敢于跳出舒适区，追求新的突破和变革。

比如，加拿大一家创新企业最近推出了一款名为 Muse 的头带，这款产品被赞誉为可以给大脑做 SPA 的设备。这个独特的设计在于，Muse 头带内置了 6 个传感器，这些传感器能够有效地监测和捕捉用户的脑电波活动。

除了这些先进的技术特性，Muse 还配备了一款名为 Calm 的移动应用，用户可以通过这款应用进行训练，以提升自己的专注力和冷静度。这款应用的设计非常人性化，可以根据用户的需求和反馈进行调整，从而帮助用户更好地适应和利用 Muse 的功能。

那么，Muse 头带是如何实现这些功能的呢？这得益于脑电图

（EEG）技术的应用。EEG 技术是一种能够测量和记录人脑活动的非侵入性技术。在传统的 EEG 测试中，人们需要将一些传感器贴在头皮上，然后通过线缆将数据传输到计算机上进行分析。然而，Muse 的设计完全改变了这一传统模式。它没有线缆，外形像一个无线运动耳机，只需要简单地戴在额头上方就可以开始使用。这种设计不仅方便快捷，而且极大地提高了用户的舒适度。

至于 Muse 如何实现给大脑做 SPA 的功能，其原理其实很简单。当你戴上 Muse 并启动应用后，你会听到轻柔的波浪声和海风声作为背景音。你需要做的是集中注意力，控制呼吸，让这些声音引导你的思绪。如果你的注意力开始分散，Muse 会立即感知到，并发出一个略带严厉的女声提醒你："Muse 已经检测到你的注意力开始分散。"同时，波浪声会变得更为嘈杂，仿佛是在对你进行一种形式的惩罚。这种方式可以帮助你重新集中注意力，从而达到放松和舒缓压力的效果。

你会不会觉得这个特别神奇呢？

当你戴着 Muse 安静地阅读书籍时，你会发现你的脑电波平静指数非常低。这是因为在安静的环境中，你的大脑处于一种放松状态，没有过多的刺激和干扰。然而，只有在你进行深呼吸的时候，你的脑电波平静指数才会相对较高。这是因为深呼吸可以帮助你缓解紧张情绪，使你的心理状态更加稳定。

如果你在阅读过程中走神了，那么 Muse 会采取一种行为主义心理学的做法来惩罚你。具体来说，它会增加波浪声音的音量，让你重新集中注意力回到书本上。这种方法旨在通过外部刺激来提醒你保持专注，从而达到提高学习效果的目的。

从本质上来说，Muse 就是通过行为心理学的做法，拆开了其实也就是这些旧东西，人们早就已经明白的概念或知识。

比如，瓦特改良蒸汽机的过程，实际上是受到了日常生活中锅子里烧开的水顶起锅盖砰砰作响的现象启发。这种声音虽然微不足道，但蕴含着一种连接的能力。瓦特意识到，水在加热过程中产生的蒸汽压力与锅盖之间的相互作用，可以将热能转化为机械能，从而实现了蒸汽机的改进。

这就是一种创新，一种连接的能力。

作为一家新能源汽车制造商，特斯拉以其独特的电动汽车技术和可持续能源理念，颠覆了传统汽车行业的格局。特斯拉制造的电动汽车不仅具备出色的动力性能和续航能力，还拥有智能化的辅助驾驶系统和高效的充电基础设施。此外，特斯拉还推出了太阳能屋顶瓦片和储能系统等产品，致力于推动可持续能源的应用和发展。特斯拉的创新不仅改变了汽车行业的竞争格局，也对整个能源产业产生了深远的影响。

还有许多其他企业通过不同的创新方式取得了商业上的成功。例如，亚马逊公司以其全球最大的在线零售平台和智能物流系统，改变了传统零售业的模式；谷歌公司则通过开发搜索引擎和广告技术，成为全球最大的互联网公司之一；而优步公司则通过共享出行平台的创新模式，颠覆了传统出租车行业等。

在上述所提及的创新案例中，实际上都是所谓的"连接创新"。这种创新模式的核心理念是将各种不同的已有技术或元素相互连接和整合，从而提供全新的产品或服务。这些原本独立存在的技术或元素可能来自不同的领域，例如人工智能、大数据、云计算等。

在这些案例中，创新者并没有选择从头开始创建一个全新的解

决方案，而是将已有的技术进行重新组合和利用，以实现更高效、更强大的功能。这种方式不仅可以节省研发资源，还可以避免重复发明轮子，从而提高创新效率。

这种连接创新的方式也体现了一种开放性和包容性。它鼓励我们从不同的角度和视角去看待问题，寻找创新的解决方案。同时，它也强调了多元化和融合的重要性，只有通过将各种元素融合在一起，我们才能创造出真正有价值的新事物。

创新，本质上就是一种连接。

什么是颠覆式创新

颠覆式创新，这个词汇在近年来的商业世界中已经成为一个热门话题。初创公司寄希望于通过颠覆式创新来实现从无到有、从小到大的跨越式发展，最终成为行业的巨头。而成熟的公司则希望能够在内部产生颠覆性创新，从而避免被新兴企业颠覆，保持自己的市场地位和竞争力。

颠覆式创新不仅仅局限于互联网行业，它已经渗透到了各个行业领域。无论是传统制造业、金融业还是服务业，都面临着如何应对颠覆式创新带来的挑战。在这个快速变化的时代，企业要想在激烈的市场竞争中立于不败之地，就必须不断进行颠覆式创新，以适应不断变化的市场需求和消费者行为。

颠覆式创新的核心在于打破传统的思维定式，勇于尝试新的商业模式和技术手段。它要求企业在产品、服务、管理等方面进行全方位的创新，以满足消费者日益多样化的需求。同时，颠覆式创新还需要企业具备敏锐的市场洞察能力，能够抓住市场的机遇，迅速调整自身的战略和布局。

一般来讲，颠覆式创新有三个方向。

心智颠覆 ＋ 时空颠覆 ＋ 价值颠覆

第一个方向，是心智颠覆。所谓心智，就是人想问题和看待世界的方式。他把当下消费者的心智态度总结为四个特点。首先，是从功能到娱乐。以苹果公司为例，乔布斯不再把手机定义为工具，而是定义为玩具，用玩具思维打击工具思维，结果摧毁了原有的功能机行业。其次，是从奢侈到个性，很多行业都在越来越休闲化，因为人的心智产生了变化。比如，当年先富起来的人会用奢侈品，但今天很多人穿的都是运动休闲服装，当年很多企业家打高尔夫，今天则是跑马拉松。第三，是从炫耀到平等。以电影行业举例，好莱坞电影能打动很多人，背后深层次的东西是它传递出的平等价值观。包括马拉松的流行，背后也是从炫耀到平等，不像高尔夫，还需要购买球杆和租场地。第四，是从占有到享用，也就是不再占有某一样东西，而是共享。

这种心智颠覆的趋势正在深刻地影响着人们的生活方式和消费观念。随着社会的进步和科技的发展，人们对于物品的需求逐渐从单纯的功能性转向了娱乐性和个性化。过去，奢侈品被视为身份和

地位的象征，但现在越来越多的人开始追求个性化的时尚和品位。他们不再满足于拥有昂贵的物品，而是更注重享受购物和使用的过程。这种转变的背后是人们对自我表达和个性认同的追求。

同时，人们的心智也从炫耀向平等转变。过去，人们常常通过展示自己的财富和社会地位来获得尊重和认可。然而，随着社会的开放和多元化，人们开始意识到每个人都应该被平等对待，无论他们的背景和条件如何。这种平等意识体现在各个领域，例如教育、就业和政治等。人们开始关注社会公平和人权问题，呼吁消除贫困和不平等现象。

此外，人们的心智也从占有转变为享用。在过去，拥有物品往往被视为一种权力和地位的象征。然而，随着环保意识的增强和社会资源的有限性，人们开始反思过度消费和浪费的行为。他们开始追求资源共享和可持续的生活方式，例如共享单车、共享经济等。这种转变不仅有助于减少资源浪费和环境污染，还能够促进社会的可持续发展和经济的繁荣。

第二个方向，是时空颠覆，这是未来商业发展的一个关键趋势。在这个快节奏的时代，人们的时间变得越来越宝贵，因此，商家应该想方设法去把握客户的时间，提供更加精准、高效的服务。

比如，白领阶层的生活节奏相对较快，他们只有晚上六点到十二点这六个小时内才有闲暇时间。因此，对于商家来说，这段时间就是黄金时间。在这六个小时里，商家可以通过各种方式吸引白领的注意力，提供他们感兴趣的产品和服务。比如，可以推出一些限时优惠活动，或者针对白领的需求提供个性化定制服务。通过抓住这些宝贵的时间窗口，商家可以更好地满足客户的需求，提高客户的满意度和忠诚度。

另外一个例子是，对于白领来说，周六早晨十点到周日下午四点这段时间也是他们的黄金时间。对于短途出行和度假的商家来说，这是一个绝佳的机会。商家可以利用这个时间段推出各种旅游产品和活动，吸引白领前来消费。比如，可以推出周末特惠套餐，或者组织一些有趣的户外活动，让白领在短暂的假期中尽情享受生活的乐趣。

第三个方向，是价值颠覆。在过去的三十年里，中国人经历了农耕文明、工业文明和互联网文明的连续转变。如果我们在商业领域中运用互联网文明来对抗工业文明，再利用工业文明来打击农耕文明，那么成功的机会就会大大增加。

如今，地产商如果仍然组织农民工进行房屋建设与销售，那么他们依然停留在农耕文明的阶段。而像链家这样的地产中介公司，通过后台数据的应用，能够精准地定位目标客户，这正是互联网文明所带来的优势所在。

然而，在房地产行业中存在着一个矛盾，即B端（商家端）标准化与C端（个人用户端）个性化之间的冲突。对于B端商家来说，希望能够扩大规模并快速实现增长，因此必须追求标准化；但是，对于C端个人用户而言，他们更倾向于拥有符合自己个性需求的房子。开发商往往希望房子越标准越好，因此毛坯房成了一种标准化的产品；然而，如果要进行精装修，就需要面临装修风格选择的问题。

为了解决这一矛盾，互联网提供了一种新的解决方案：硬件的标准化与软件的个性化相结合。通过统一的硬件设施和标准设计，能够满足大部分用户的需求；而在软件方面，通过智能化技术的应用，可以为用户提供更加个性化的选择和定制服务，满足不同用户

的个性化需求。这种以标准化为前提、个性化为核心的模式，不仅能够满足 B 端商家的需求，也能够更好地满足 C 端个人用户的期望。

在未来的发展中，随着技术的不断进步和用户需求的不断变化，这种价值颠覆的模式将会继续发展和完善。无论是从商业模式的创新还是用户体验的提升来看，这种基于标准化与个性化相结合的解决方案都将具有广阔的发展前景。

那么，问题又来了，我们该怎么颠覆性创新呢？

以电影《模仿游戏》为例，这部电影在 2015 年获得了奥斯卡最佳改编剧本奖，它讲述了计算机科学之父艾伦·图灵的传奇故事。在第二次世界大战期间，图灵带领他的团队成功破解了德军的"谜团"密码系统。这个团队的成员并不仅限于密码学家，还包括物理学家、数学家、国际象棋冠军和填字游戏冠军等。

这其实是一种结构性颠覆，是颠覆性创新中的一种策略。简单来说，这种策略就是打破原有的职能和角色划分，将具有不同天赋和技能的人才聚集在一起，形成一个多元化的团队。这样做的目的是让团队成员能够从不同的角度看问题，产生更多的创新思维和新的解决方案。

正是因为这样的跨学科合作，才产生了许多新的思考方式和解决问题的策略，从而成功破解了密码。这种打破职能划分，聚集多元人才的策略，正是结构性颠覆的体现。第二种颠覆性的创新形式是合作关系引导型，也被称为合作驱动的颠覆。这种颠覆性创新发生在两个企业之间的合作关系中，尽管这两个企业可能并没有很大的关联度，但它们合作的结果却可能会出人意料，甚至产生深远影响。

以土耳其的倍科公司为例，这家公司在欧洲家用电器行业中的地位无人能敌，位居行业榜首。在一本探讨颠覆性创新的书籍中，作者曾经向倍科公司的首席执行官莱文特提出了一个问题：如果倍科与巴黎欧莱雅这样的品牌进行合作，你们将会创造出什么样的产品呢？

这个问题虽然出乎莱文特的意料，但他还是对此进行了深思熟虑。他发现，在热带国家，美容产品常常会因为高温而融化，因此，许多女性都会将化妆品存放在冰箱中。基于这个观察，他认为如果倍科公司能为欧莱雅设计一款微型冰箱，这款冰箱的大小就像一只漂亮的雪茄盒那么大，那么它肯定会在市场上引起轰动。

莱文特解释说，倍科公司长期以来都在寻求摆脱"厨房家电"的定位束缚，而这个小小的点子可能会让他们的产品进入人们的卧室，从而开辟新的市场领域。这种由合作关系引导的颠覆性创新，不仅有可能改变两家公司的命运，更可能对整个行业产生深远的影响。

在商业合作中，还有一些出人意料的合作案例，令人惊叹不已。其中之一是亚马逊与推特之间的合作，这种跨界合作给消费者带来了全新的购物体验。通过在推特上点击鼠标，用户可以轻松地将某个产品添加到亚马逊的购物车中，实现了无缝的跨平台购物体验。这种合作不仅为消费者提供了更多的选择和便利，也为两个品牌带来了更多的曝光和销售机会。

另外一个例子是苹果公司与法国奢侈品品牌爱马仕的合作。这次合作推出的一款手表融合了苹果的智能技术和爱马仕精美的外观设计，堪称技术和古典工艺的完美结合。这款手表不仅具备时尚的外观和精湛的工艺，还融入了智能科技的功能，如健康监测、通知

提醒等。这种跨界合作不仅让消费者能够拥有一款兼具时尚与实用的手表，也展示了两个品牌在不同领域的创新和突破。

这些出人意料的合作案例给我们带来了新的启示。它们告诉我们，不同行业和领域的合作可以创造出更多的可能性和价值。通过跨界合作，企业可以整合各自的优势资源，实现互利共赢的局面。同时，这种合作也能够推动行业的创新和发展，为用户带来更多的选择和体验。因此，在未来的商业发展中，跨界合作将成为一个重要的趋势，为企业带来更多的机遇和挑战。

除此之外，在众多颠覆性创新方法中，还有一种被广泛讨论的是可持续性驱动型颠覆。这种方法的核心理念是，企业社会责任的创新不仅能够推动企业进行全方位的创新，而且也能够引领企业在社会、环境等多个领域实现可持续发展。现在，越来越多的企业已经意识到，他们对环境问题的态度以及是否关心公共利益，对企业的品牌形象和公众信任度产生了深远的影响。

1999年，全球知名的快餐连锁品牌麦当劳在法国遭遇了一次严重的危机。当时，一位法国的反全球化积极分子声称，麦当劳的一家餐厅对当地的餐饮业和农业造成了严重的影响。同年秋天，疯牛病突然爆发，许多人开始担心麦当劳的牛肉汉堡是否受到了污染。面对这两次突如其来的挑战，麦当劳并没有选择回避或者保持沉默，而是积极开展了一系列活动，以此来展示他们对公民责任的承诺和决心。

例如，麦当劳对其用过的煎炸油进行了循环利用，将其转化为有机柴油。值得一提的是，这些经过处理的柴油已经被麦当劳的物流合作公司所采用；此外，麦当劳还与法国的近一千个城镇和乡村签订了合同，承诺帮助他们改善公共区域的垃圾回收状况；他们还与法国儿科医生协会合作，共同研究儿童营养的问题，以期为儿童提供更健康、更营养的食物。

更为重要的是，这些政策在公司内部形成了一种累积效应，使麦当劳的每一位员工都深深地接受了这种创新文化。员工都对通过发现新的创新方法来提升客户体验充满了热情和兴趣。他们不仅仅是被动地接受这些政策，而是积极地去寻找、实践和推广新的创新思维和方法。

现在，麦当劳法国公司正在积极推动一个他们自己都不确定能否完成的项目，那就是创建一个能源百分百自给自足的餐厅。这个项目的目标是通过使用可再生能源，如太阳能和风能，来实现餐厅的能源供应。虽然这个目标看起来困难重重，但是麦当劳的员工对此充满了信心和期待，他们相信只要大家齐心协力，就一定能够实现这个目标。

波特定律：扔掉心中的错误放大镜

创新，需要一个好的环境。

首先，它需要一个开放和包容的环境。在这样的环境中，人们可以自由地表达自己的想法和观点，而不必担心被批评或被惩罚。这种环境可以激发人们的创造力和想象力，使人们敢于尝试新的事物，敢于挑战现有的规则和框架。

然而，创新并不是一个总是受到赞扬的词汇。它是一个中性词，因为它的结果可能是成功，也可能是失败。在大多数情况下，创新可能会失败。这是因为创新涉及未知和风险，而未知和风险往往伴随着失败的可能性。因此，创新并不是一个简单的过程，它需要勇气、决心和毅力。

如果一个社会或公司是封闭的，那么创新的可能性就会大大降低。在这样的环境中，任何偏离常规的行为都可能被视为错误，甚至可能受到严厉的惩罚。这样的环境会抑制人们的创造力和想象力，使人们不敢尝试新的事物，不敢挑战现有的规则和框架。

同样，如果一个企业不允许员工犯错误，那么谁还敢创新呢？在这样的环境中，员工可能会因为害怕犯错误而不敢尝试新的方法和思路，他们可能会过于保守，不愿意冒险。这样的环境会阻碍企业的发展和进步，使企业无法适应不断变化的市场环境。

这里，就不得不提到波特定律。

波特定律，这是一个对于领导如何正确使用和评价下属的深刻理论。它揭示了一个普遍现象，那就是在领导者的用人过程中，他们往往过于关注下属的错误行为，而忽视了他们的优秀表现和贡献。

通用电气的前总裁杰克·韦尔奇曾经表达过他的观点：如果管理者过于关注员工的错误，那么员工就会变得畏首畏尾，不再有勇气去尝试新的事物和挑战。因为没有人勇于尝试，比犯错更可怕。这种错误的心态会导致员工故步自封，拘泥于现有的一切，不敢有丝毫的突破和逾越。

然而，在公司的管理过程中，许多管理者却常常倾向于过度关注员工的错误。这并非没有道理，因为在他们看来，发现别人的错误是证明自己聪明才智的最有效方式。他们可能会认为，只有通过指出并纠正员工的失误，才能显示出他们的专业知识和能力。

但是，这种过度关注错误的方式实际上可能会阻碍公司的发展。因为员工如果害怕犯错误，就可能会避免尝试新的想法和方法，从而限制了公司的创新和发展。而且，过度关注错误也可能导致员工的士气低落，因为他们可能会觉得自己的努力没有得到应有的认可，甚至可能会被过度批评。

要想摆脱波特定律的诅咒，管理者需要扮演至关重要的角色。他们需要具备良好的领导能力和管理技巧，以确保组织的正常运转和员工的高效工作。然而，有时候管理者可能会陷入一种批评的陷阱，过于严厉地指责员工的错误和不足之处。这种批评方式不仅容易伤害员工的自尊心，还可能削弱团队的凝聚力和创造力。因此，我们需要转变观念，将批评转化为"建议 + 鼓励"的方式，以培养一种允许犯错的文化。

当然，这种错误不是低级的错误，而是高级的错误。这种高级错误指的是那些在处理问题、决策或执行任务时所犯的严重错误，这些错误可能会对个人、团队甚至整个组织产生重大的负面影响。

任何低级的错误，都是不该犯的。另外，我们也不能矫枉过正。矫枉过正是指过分纠正或过度强调某个方面，以至于忽略了其他重要因素。在对待犯错的态度上，我们也不能矫枉过正。允许犯错并不意味着我们要纵容错误行为或者对其采取放任态度。相反，我们应该鼓励人们从错误中学习，但同时也要确保他们明白犯错的后果，并采取措施防止类似错误的再次发生。

在一个良好、开放的环境中，创新才有可能发生，那些好的创新才会不断涌现。不过也请注意一点，创新有成功，也有失败。

怎样激发企业的整体创造力

几乎所有的企业都渴望了解如何激发组织的整体创造力，以实现持续的创新和发展。但是要怎么做呢？

首先，要实现组织的创新，有两个普遍的原因需要引起重视。

第一，领导层在推动创新方面的作用至关重要。如果领导层不能身体力行地展示如何进行创新，那么员工很难真正理解创新的重要性和具体方法。因此，领导层需要树立榜样，明确阐述如何进行创新，以便员工能够跟随并实践。这样，整个组织才能形成一种积极向上的创新氛围。

第二，公司过于守旧也是阻碍创新的一个主要原因。在快速发展的市场环境中，保持传统思维模式可能会让公司在竞争中处于劣势。因此，企业需要摒弃陈旧的观念，勇于尝试新的想法和方法。只有不断地挑战自己的舒适区，才能在激烈的市场竞争中取得突破。

那么意识到这两个原因后，该如何做呢？我们可以通过"五步法"来达成。

在鼓励新想法的同时，也要愿意做出改变

在电视台工作的一名员工，她提出了一种新的节目形式。尽管公司鼓励她分享这个新想法，但高层却对这个想法并不感兴趣，也没有打算做出任何改变。然而，这名员工并没有因此而气馁，反而决定跳槽到另一家公司。

这家公司有一种独特的文化，那就是包容性。在这里，员工不仅可以自由地表达他们的想法和建议，而且公司也会全力支持这些新的想法。这种环境为员工的创新提供了广阔的空间，让他们可以尽情发挥自己的创造力。

因此，我们可以得出一个结论：如果想要推动创新，领导者就必须首先接纳新的想法，并且愿意为此做出必要的改变。只有这样，才能激发出员工的创新潜能，推动企业的发展。

要告诉员工，什么时候采用发散思维，什么时候采用集中思维。

集中思维是一种通过迅速利用现有的答案来找到解决办法的思维方式。这种思维方式强调对已有信息和经验的充分利用，以快速解决问题并取得成果。然而，它的缺点是容易陷入固化的思维模式，难以带来新的想法和创新。

与之相反的是发散思维，它要求打破常规的限制，勇于探索各种可能性，而不仅仅是寻找解决方案。发散思维鼓励人们从不同的角度思考问题，寻找多种可能的解决方案，从而激发创新和新想法的产生。

在工作场景中，两种思维方式都可能被应用到不同的任务中。比如，在确定品牌战略时，领导者可能需要运用集中思维，通过对市场、竞争对手和消费者需求的深入分析，迅速找到最适合的品牌定位和推广策略。而在开发新产品时，领导者可能需要运用开放思维，鼓励团队成员提出各种新颖的想法和概念，以便从中筛选出最

具潜力的创新方向。

因此,作为领导者,最好提前明确告知团队成员在不同情况下需要运用哪种思维方式。这有助于提高工作效率和质量,同时避免不必要的思维局限。领导者可以与团队成员共同探讨问题的本质和目标,明确所需的思维方式,以便更好地引导团队朝着创新和发展的方向前进。

奖励要和组织目标挂钩

曾经,有一家企业向其员工传达了一个重要的信息:不要害怕失败,要敢于与他人合作并勇于创新。然而,在这家企业进行绩效评估时,仅仅关注员工是否完成了任务,而没有充分考虑到他们是否在合作和创新方面有所表现。因此,在这种情况下,员工们在工作时完全忽视了企业所倡导的创新目标。

这种情况说明了一个关键问题:如果一个企业正在努力建立一种创新文化,那么它需要确保相关的奖励制度能够跟上发展的步伐。这意味着,企业应该制定一套能够激励员工积极参与合作和创新的奖励机制。这样的奖励制度可以包括提供额外的奖金、晋升机会或者荣誉表彰等措施,以激发员工的积极性和创造力。

同时,为了确保奖励制度的有效性,企业还需要建立一个透明的评估体系,以便对员工的合作与创新表现进行全面而公正的评价。这个评估体系应该基于实际成果和贡献,而不是简单地以完成任务为唯一标准。只有在这样的环境下,员工才能真正感受到自己的努力得到了认可和回报,从而更加积极地投入到合作和创新中去。

此外,企业还应该注重培养员工的合作意识和创新能力。这可以通过组织各种培训活动、分享会和团队建设活动来实现。通过这些活动,员工们可以相互学习、交流经验,共同解决问题,从而提升他们的合作能力和创新思维。

在"定方向"和"放权"之间保持平衡

来自领导层自上而下的指令，对设定愿景和组织的优先事项确实有一定的帮助。这种自上而下的管理方式可以确保组织的整体目标和战略方向得以明确，从而更好地引导员工的工作和行动。然而，这种做法也常常剥夺了员工的自主权，限制了他们的创造力和创新能力的发挥。

在创新文化中，放权给员工是至关重要的。只有给予员工足够的自主权，让他们能够在工作中发挥自己的创造力和想象力，才能真正激发出他们的潜力和创新力。同时，让员工在行动的时候有安全感也是关键因素之一。员工需要感受到组织对他们的支持和信任，才能够更加自信地提出新想法、尝试新方法，并为组织的发展贡献自己的智慧和力量。

以软件公司 37Signals 为例，他们积极倡导一种"抵制会议日"的文化。在这一天，公司鼓励员工主动提出新想法，而不再依赖传统的会议形式进行沟通和交流。这样的举措有助于打破传统思维的束缚，激发员工的创造力和创新意识。通过这种方式，37Signals 成功地营造了一种开放、包容的创新氛围，让员工敢于提出新观点、尝试新方法，为公司的持续发展注入了源源不断的活力。

因此，为了培养和发展创新文化，领导者应该意识到放权的重要性，并采取相应的措施来支持和鼓励员工的自主性和创造力。只有在一个自由开放的工作环境中，员工才能够充分发挥自己的才能和潜力，为组织带来真正的价值和竞争优势。

少说话，多做事

如果领导者没有给员工提供实际的支持，创新就只是一句口

号。想让创新的价值观落地，就要鼓励员工行动起来。在企业中，领导者扮演着关键的角色，他们需要成为员工的榜样和支持者。只有当领导者真正理解并支持创新时，员工才会被激励去追求新的想法和方法。

总之，无论如何，行动永远是最重要的。对于员工和企业来讲，都是如此。任何一家伟大的企业，都是做出来的，而不是说出来的。因此，从现在开始，就行动起来吧！

本书的最后，祝愿各位都能有所成就，希望今后能在江湖中听到各位与各自公司的传奇故事。